親子快樂禪

曉亞 著

〈推薦序〉

從心開始 無我快樂

禪即心，禪法即心法，心含藏著智慧慈悲法及煩惱法，打開心中的智慧慈悲，或開啟心中的煩惱痛苦，都只是在剎那間的心念抉擇。用禪法開啟親子之間兼具智慧慈悲與幸福快樂的心，便是《親子快樂禪》這本書想要與讀者分享的重點。教導小孩有如菩薩教化眾生，是相互成長的。有時候是父母教導小孩，有時是小孩成就父母。父母用心教導小孩，小孩用心學習，把一尊待琢磨的小菩薩（小朋友）教導成為有智慧、有慈悲的未來佛（人），是功德，也是生生世世都值得父母學習的功課。

本書作者曉亞菩薩是散文、小說作家，曾兩度獲海外華文著述獎散文類首獎及小說類佳作，於多家報刊撰寫親子、兩性關係專欄多年，近來寫作重心轉以禪修及心靈成長方面為主。多年前，個人在洛杉磯弘法時，曾建議她多寫一些「無我」方面的文章與讀者分享。

無我思想一直是佛法禪法的核心，也是獲得究竟快樂最根本的泉源與要素。無我難寫、難懂、也難實踐，但多寫一些無我、無相的文字，有緣的讀者自然能得到啟發，並獲得一些從無我出發的究竟快樂。

作者從自身以及他人的親子生活經驗中，運用佛法、禪修、各家大師智慧、科學實驗等種種角度，向讀者指引出走向幸福人生的途徑，只要在生活上具體實踐這些方法，每一天都可以是平安自在的好日子。

本書共三章，第一章「如何用禪法教孩子？」指出了人格養成及生活價值觀是幸福的指標，一味重視子女成績的高低、學校好壞、各種才藝的學習，只怕輸在起跑點，最終卻發覺人生是一場很長很長的馬拉松賽跑，不是短跑賽，贏在前面並不算贏。而且這種教養方式忽略了孩子的興趣，以及更重要的——良好品格的熏習，諸如尊重他人、關懷眾生、懂得欣賞別人的成就、為自己與周遭的人帶來幸福的感受等等。〈英雄與平凡人物〉、〈鼓勵孩子面對挑戰〉、〈快樂知足做著每件事〉這些文章指出我們想要撫育的孩子是懂得尋找及善用資源，具備良好人際關係、高抗壓性及危機處理能力，同時面對別人的成功不吝給予喝采，永遠抱持知足感恩的心看待自己所擁有的一切。此外成功的定義，有好幾種層次：如活在掌聲中的成功——〈天才養成夢〉；寧願做鼓掌的人，凡事為人著想的成功——〈英雄與平凡人物〉；以及更高層次不依賴外在任何人事物，處在和諧、清楚、快樂的成功。看完本書，或許可重新定位教導孩子的方向。

第二章「快樂孩子禪」談到父母給予孩子廣闊的空間，讓他們找到人生的志向，努力勇敢去追逐自己的夢想。〈讓孩子贏在未來〉點出人際和諧、挫折管理能力以及豐沛的創造力與生命熱情才是馬拉松長跑必備的條件。同時也教導子女少抱怨、多珍惜，時時刻刻感恩，哪怕只是微不足道的東西，在別人的苦難中體會到自己所擁有的遠比所想像的還要多很多。

第三章「快樂媽咪禪」，除了當一個快樂的媽媽外，生活中還有多重的角色要扮演，從佛法及禪法看，不離跟環境中的人事物互動，要快樂幸福，很多地方需要學習，主要都是心態的轉變，時時打開「快樂的頻道」，不要做不幸的小弟，正面解讀所有人事物，即能展開美好的生活。「心」決定了人生的幸福指數。〈轉換心境面對挫折〉中，作家紀伯倫（Kahlil Gibran）說事物所呈現的表相隨著我們的喜怒哀樂而改變，重要的不在於你遭遇到什麼，而是你如何看待這些遭遇與所有生活中的體驗。

〈抱持感念的心〉中，古印度哲理說得更直接：「無論你遇到誰，他都是對的人。無論發生什麼事，那都是唯一會發生的事……。」你不用去浪費時間揣想當初如果……，就會有不一樣的結局。學著安心、接受，好好用心活在當下，學習古代禪師飢來吃飯睏來眠，吃飯的時候好好專心吃飯，睡覺的時候好好專心睡覺，而不是百般煩惱、千般抱怨。生命只在此時此刻，活在當下，就能活出真正的快樂！

另外，書內提到的〈不要太用力過日子〉、〈少抱怨，多珍惜〉、〈以祝福取代擔憂〉、〈逆境來了怎麼辦？〉、〈帶著微笑出門〉等等，無一不是在詳細敍說心念轉變的重要性，有待讀者一一仔細慢慢品嘗。

其他諸如〈你願意低頭嗎？〉、〈做你自己〉、〈懂得原諒他人〉、〈快樂知足做著每件事〉、〈別成為挑剔的人〉等等，淺顯易懂的觀念在書中俯拾皆是。本書內容豐富，著墨介紹的方法很多，或許只要一個觀念的改變，或一種禪修方法的練習，就能受用無窮，不但自己受用，小菩薩（小朋友）也受用；今生受用，來世也受用。

「望子成龍，望女成鳳」本是天下父母心——子女能成龍成鳳又幸福快樂最理想，若成了龍成了鳳但不快樂幸福，或者也沒成龍成鳳又不快樂，則需要內觀自省，看看佛法、禪法、專家怎麼說，透過本書或許能得到一些答案。

但願有緣的讀者皆能從本書獲得啟發，在教養孩子、親子互動的這條路上開展真正的平安快樂。藉由大家觀念的轉變與努力，締造更和諧快樂的親子關係，讓養育子女的「父母經」不再是令人愁眉苦臉的差事，而能在過程中學習成長，成為向上（善）的一股順緣或逆增上緣，這便是最好的修行機會。

釋果醒

法鼓山美國東初禪寺及象岡道場住持

〈自序〉
看見孩子光明的未來

當初並沒有特別計畫要寫《親子快樂禪》這樣一本書，原本設想的是比較廣泛性探討如何藉由心念的轉變與正確對待生命起落，讓人生能夠活得更自在幸福，包括如何做個簡單快樂的人、美好生活從心開始、活在當下時刻感恩等等概念，學習與孩子相處是其中的一個重點，記錄了我與孩子們一同成長生活上的點點滴滴，以及透過教養的過程，將自己的價值觀、對於佛法體悟的心得藉由一些事件隨機灌輸給兩個小男生。

書稿到了法鼓文化編輯群手上卻有了不同的發想，透過電話及email的往返溝通，我們決定了將佛法與親子溝通這部分獨立出來，做為全書的基調主軸，讓所有的父母讀者在教養的這塊領域上，能夠以修行的態度，學習如何運用禪的心法與孩子們溝通，讓親子關係更為和諧，並且養育出懂得知足感恩、珍惜所擁有一切的下一代。

教養孩子對我來說，從來都不是一件簡單的差事，兩個調皮搗蛋的男孩子常常把我搞得要抓狂，尤其老大，從小鬼靈精怪，點子奇多，讀幼兒園的時候每次到學校接他放學都會忐忑不安，不曉得老師今天又要跟我投訴什麼他的豐功偉業。以往凡事都要掌控全局、按照計畫進行的我，在親子教養上卻完全被顛覆，孩子們往往不按牌理出牌，也不理會大人世界的那套遊戲規則，不會因為你說一他就表現出一，按照你期待的模式回應。剛開始挫折感很重，一路上不斷自我調整，放下許多原本的堅持，逐漸由斯巴達式鐵的教育，慢慢身段柔軟下來，多了一些彈性，不再要求一就是一、二就是二，容許更多灰色空間，給小男生更多選擇的自由，及自我探索、展現的機會。這份體悟也幫助我在生活上不再凡事要求完美，懂得隨順因緣、豁達看待得與失、對與錯。

做為父母，在孩子成長過程中有很多機會，能夠把正確的價值觀灌輸給他們，一點一滴形塑他們的人格。在〈特別的聖誕禮物〉、〈助人的蝴蝶效應〉等篇章所傳達的關懷弱勢族群、以己所能慷慨助人的觀念，讓孩子從小知道他們多麼幸運能夠擁有其他貧困孩童所欠缺的豐富物質，要心懷感恩，行有餘力去幫助那些不那麼幸運的人。我很欣慰兩個小男孩現在旅行時，遇到無家可歸的流浪漢，都會拿出口袋的零用錢大方施捨。每年聖誕節，挑選禮物送給遠方在貧窮生活中掙扎的孩童——無論是一隻小綿羊、兩隻小雞、還是醫藥用品、或是挖一口水源乾淨的深井……，都成為這個歡慶季節裡必當討論的例行事項。

親子溝通是雙向的，透過孩子純真的心靈與單純過日子的態度，我也獲得了很多樂趣與啟發。〈面對問題，放下它〉中那個耽溺在已發生事件情節中跳脫不出來、鑽牛角尖的我，因為小兒子的一句話，把我拉回到現實世界中，將身與心重新對焦，努力實踐活在當下的禪法修行；還有〈不要太用力過日子〉中那個因為一朵小花的凋零立刻修為破功、自尋煩惱的我，有了反省的機會，要以隨緣的態度，不把主觀情感、思想投射到外在事物，讓它們如實呈現本來面目。如聖嚴法師所說的，我們要用直心過生活，直心就是對所有人事物不加以評斷，沒有完美，也沒有缺陋，心就如同一面鏡子般如實映照出所有東西的本來面貌。

書中第一章「如何用禪法教孩子？」及第二章「快樂孩子禪」著墨在親子教養與溝通上，第三章「快樂媽咪禪」則是除了父母這個角色外，如何將佛法的觀念應用到個人生活上的心得。身教重於言教，當你能夠身體力行，孩子們自然會學習模仿，而且一個快樂的媽咪，永遠是幸福家庭最重要的關鍵。在辛苦養育子女時，別忘了保有自己的空間，〈帶著微笑出門〉、〈做你自己〉、〈和好朋友一起hang out！〉……，做為盡職父母的同時，也要努力營造生活樂趣，活出更心安自在的人生。

法國作家羅曼．羅蘭（Romain Rolland）說：「誰要能看透孩子的生命，誰就能看到隱藏在陰影中的世界，看見正在形成中的星雲，方在醞釀的宇宙。兒童的生命是無限，它是一切……。」

每個父母所走的路都不一樣，但這條路永遠都只能走一次，不可能重新來過。教養的歷程同時也是很好的修行練習，能夠反觀自我，隨時做修正調整。

但願這本書可以帶給有緣的讀者一些會心的啟發，讓我們一起看見孩子自性的展現與充滿無限可能、燦爛光明的未來。

二〇一四年一月　於美國洛杉磯　溫暖冬陽午後

曉亞

Contents

Chapter 2

快樂孩子禪

Chapter 3

快樂媽咪禪

Contents

Chapter 1

如何用禪法教孩子？

英雄與平凡人物

有天晚上，一位朋友打電話來，我們聊了一下，她對於孩子目前不是頂尖的學業表現顯露出了擔憂，不知道如何才能提供幫助。

其實她的孩子才剛升上小學五年級，離所謂的升學壓力年齡還有段距離，她的擔憂來自於學校中其他的華裔家長，在亞裔為主的校園中，學生已經提早在課業上打起了升學之戰。每次的評鑑與州考，都是這些家長們評估自己子女課業成績的標竿，並以此相互比較，有些孩子評鑑成績其實也是列於超前（advanced）的行列，但因為沒有達到滿分或更高的分數，而引起父母的高度關切。

這一切的壓力，其實都緣自中國人萬般皆下品、唯有讀書高的傳統觀

念作祟。朋友的孩子表現也很不錯，但在其他亞裔同儕的耀眼分數下卻顯得平庸，於是做媽媽的開始產生擔憂的情緒，不曉得究竟是兒子需要幫助，還是自己過慮了。

我們居住的小城，亞裔與華裔人口不斷湧入，課後補習班也如雨後春筍般一家接著一家開張，幾乎每條大街小巷都可以見到以亞洲學生為招攬對象的補習班，好像走在臺灣的南陽街上。我聽說有些父母從小送孩子去學習才藝，最主要目的便是為了將來申請大學能更具備競爭力。有位朋友的兒子從小聘請昂貴的私人教練學習網球，就是為了進入高中網球校隊，後來沒有被錄取，索性連網球課都不去上了。這是很明顯的目標導向學習，一旦達成目的（或功敗垂成），就不再繼續原有學習的課程。有很多學了八年、十年鋼琴的小孩，有天通過了最高級數鑑定考後，從此再也不碰鋼琴。因為他們的學習不是為了自己，而是為了功利導向的父母親。當學習缺乏自主性與動機，便很難延續下去。

在學校中，如果有群華人家長聚集在一塊聊天，話題總是圍繞在哪裡有好的英文寫作班、優秀的鋼琴老師、良好的繪畫班、出色的運動教練，或是哪個班級的老師教得好、功課多，哪個課後班教材最豐富、進度最超前……。孩子再大一些，父母親聊天的話題可能轉變成：AP課選了幾門、SAT考了幾分、社區服務做得如何、有沒有參加什麼校隊或社團中擔任幹部……，這背後隱藏的價值觀便是：申請大學似乎成了唯一且最重要的人生目標，大家都一起淹沒在這場升學競賽的洪流中，載浮載沉其間而不自覺。

記得在網路上讀到一個小女孩的故事，她資質平庸，功課中等，每當父母親與朋友聚會，總是在其他多才多藝小孩群中顯得如此毫不起眼，父親一度為她的平凡覺得失望。直到有一天女兒導師打電話來，告訴他們在學校發生了一件他教書生涯以來從未遇到過的事，他要學生們在紙條上寫下在班上最欣賞的同學，結果每個人的答案都一樣，都是他們的女兒，打敗了班長、模範生及所有名列前茅的資優生。這位導師為女孩的好人緣嘖嘖稱奇，認為這都是她的好脾氣、平日樂於幫助他人、從來不與人計較的

善良個性所帶來的結果。父母親才恍然大悟，他們從來沒看見女兒的優點，總是在別人的絢爛光環下見到她的不足。在競爭愈來愈激烈的社會，做事情的能力固然重要，然而做事的態度與人際關係才是決定能否成功的要素。

當英雄凱歸的時候，總是需要有人站在街邊鼓掌喝采。那位女孩說，她不想當英雄，只想當那個鼓掌喝采的人。多麼淡定的人生態度！這個世界上的確不需要那麼多英雄，而是更多懂得欣賞別人、為他人的成功真誠歡喜，同時也努力讓自己與周遭的人快樂的平凡人物。

特別的聖誕禮物

有一年聖誕節前，我們收到世界展望會（World Vision）所寄來的聖誕禮物目錄，封面是一位非洲小女孩，手上抱著一隻小綿羊，臉上笑容開心而滿足。

透過這個全球性的慈善組織，我們助養了一個印度小女孩，轉眼間已經快六年了。每年她都會寄來附上近照的卡片，與我們分享她的生活點滴。家裡兩個小兄弟因為這個遠在千里之外與貧困掙扎的小女生，認識到了這個世界上，原來有這麼多孩子每天都在過著能否填飽肚子、貧病交加的日子。

在感恩的季節，我鼓勵他們，從目錄上挑選一份禮物，送給遠方的小朋友，做為他們的聖誕禮物。這個「一份禮物，改變一個生命」活動，幫助了將近一百個國家的孩童。目錄上一張照片，一位小女孩因為收到一隻乳牛尖聲叫喊著：「我都快興奮地暈過去了！」一張張收到禮物的笑臉是那麼純真可愛。

兩兄弟看著這麼多禮物選擇，頻頻討論送什麼好。有農場動物：小綿羊、乳牛、小豬、小母雞、小兔子……，可以提供給他們牛奶、雞蛋、食物；還有幫助婦女自立的縫紉機、上學交通工具——腳踏車、為單親家庭建蓋可遮風擋雨的房子、贊助就業訓練計畫、婦女小額創業貸款，還有捐助學校、醫院及醫療器材用品……，琳瑯滿目。最後他們決定送一隻綿羊加上兩隻小雞，這樣，受贈的小朋友既有羊奶可以喝，每天也有新鮮的雞蛋可以吃。

我們把禮物內容及支票寄出後，沒多久便收到一張謝卡，卡片封面有一個小男孩快樂地擁抱著小綿羊，標題文字寫著：「因著這份禮物，他們的前途更加明亮！」同時，也特別感謝兩個小朋友的善心與慷慨贈與。

我把這張卡片釘在廚房必經之處的布告板上，提醒自己及孩子，一份微薄的付出，卻是照亮另一個人或一整個家庭生命的重要支援。我放在那兒，整整一年了。直到最近，又收到新的聖誕禮物目錄，才驚覺時間過得好快。

老大第一天就把整本目錄仔細研究了一遍，我建議他：「去年我們送的是小動物，照顧了他們的食物需求，今年就選擇醫藥捐助吧！」兩個小男孩遲遲無法決定，「我還是覺得送小動物比較有趣耶！送小白兔不錯啊！兔子繁殖很快，是很好的食物來源。」小孩子最關心的還是填飽肚子的問題，可是想想兔子長那麼可愛，哪裡忍心殺牠們來吃？「那麼捐助興建學校基金，好不好？」我提議。「NO！我最討厭上學了，幹嘛要蓋學校？」小兒子激動地反對好似我們是要挖一個坑給沒錢上學的孩子跳，勉強算是己所不欲勿施於人的發揮吧！

討論了幾天，尚無結論，到底是送兔子好呢？還是醫療用品？或者挖一口水源乾淨的深井？還是幫忙蓋一所醫院、學校、孤兒之家？又或者像

去年一樣送一隻小綿羊與兩隻小母雞？距離送禮截止日期還有個把月時間，我們得要好好想想，如何讓這份溫暖與關懷及時送到需要的人手上，讓他們能度過一個無需擔憂貧窮與飢餓的平安聖誕節。

鼓勵孩子面對挑戰

友人因為先生返臺工作緣故，必須一個人帶著兩個孩子過日子，成了標準的「內在美」。為了讓孩子同時擁有來自雙親的愛及完整的家庭，他們決定等學期告一段落後，還是要帶孩子束裝回臺，全家團聚。

那天在校園碰面，我想小朋友一定對這突如其來的搬遷計畫感到惶恐與抗拒，畢竟對他們來說，臺灣是一個完全陌生的環境。我試著對小姊姊說明臺灣是一個如何有趣好玩的地方，那裡的老師也都非常親切有愛心……，「連我都常常想回去呢！」

沒想到，在旁的友人一聽我的陳述，馬上插嘴：「唉，你是頭一個在這件事情上鼓勵孩子以積極正面的態度面對，所有人都一面倒告訴小孩學中文有多難、老師都很嚴格、不努力用功就會完蛋……，孩子本來就已經不知所措，聽大人這樣一說，更加深他們的懼怕。」唉唉，友人眉頭深鎖，畢竟這是一個牽涉廣泛的決定，自己都覺得千頭萬緒、壓力重重，同時還要兼顧照撫孩子的情緒，希望返臺後適應的問題能降到最低。

她很感謝我為孩子打一劑鼓勵的強心針，我告訴她，其實許多時候小孩子的懼怕是來自大人不知不覺傳輸給他們的壓力，當為人父母表現從容、自信，以不慌不忙的態度應付眼前的難題，孩子自然有樣學樣，不會讓想像的難關打敗自己。況且，年幼的孩子適應力強，給他們一些時間，很快便能融入新環境中，只要父母能稍微降低標準，在初期時不用太嚴苛的成績要求孩子，相信彼此都能順利度過考驗期。

中國人因為深受老祖宗「人無遠慮，必有近憂」、「精益求精」、「更上層樓」、「好，還要更好」的價值觀及思維方式所影響，教育下一代時總會憂心忡忡求好心切，看問題也往往習慣把焦點擺在負面的方向，「如果不好好用功讀書，將來就會沒出息……。」恐怕還是很多人教訓子女常掛嘴邊的台詞，好像唯有課業成績好，人生才充滿希望，否則便得庸庸碌碌毫無所成度其一生。

我在〈讓孩子贏在未來〉這篇文章中，探討了有關「第十名狀元」的現象，有許多後來在社會上功成名就、被定義為「成功人士」者，往往在學校時並非成績最棒的一群，反而是那些本來不起眼、成績中段的孩子，因為能夠善用資源、懂得妥善處理人際關係、知道自己興趣所在並戮力以赴、具備高學習動機（learning motive）的人，最後獲致了成功。

對於已經在學習中掙扎或是懼怕投入一個未知環境的孩子，他們所最不需要的，便是來自周遭懷疑的眼光與評斷，這會讓他們更裹足不前、更加抗拒去面對即將產生巨大變化的生活。史賓塞．強森（Spencer Johnson）受到廣大讀者喜愛的書《誰搬走了我的乳酪？》（*Who Moved My Cheese?*），裡頭提到當人面對改變時，第一個反應便是拒絕，因為害怕橫亙在前頭陌生的事物，不想從已知熟悉的空間轉換到另一個不可知的未來。所以乳酪不見了，寧可躲在原來的小窩中繼續等待，不敢也不願意走

向外面的世界，嘗試去尋找遺失掉的乳酪，或甚至創造出一塊更美味的乳酪。

改變是教人害怕的，對於孩子來說，更是如此。搬遷到一個遙遠的地方，意味著他們必須離開朋友、放棄熟悉的事物，學習完全不同的語言、文字，重新建立全新的生活圈，此刻最需要的是來自父母親的鼓勵與協助，幫助他們了解即將面對的新環境，嘗試教導孩子以積極正面的態度看待問題，安撫他們可能有的焦慮與不安。

美國人強調正向的教導（positive discipline），就是用鼓勵、獎勵的方達到教育的目的，而不是以懲罰、威嚇的手段讓孩子心生懼怕，最終反會導致反效果。

讓孩子以勇敢的姿態面對所有的難關與挑戰，每一個磨鍊與考驗都將在日後成為他們邁向成長之路不可或缺的養分。

快樂知足做著每件事

一位朋友M在好萊塢製片公司擔任執行製作主管，平日開著敞篷跑車在大街小巷穿梭，日子過得雖然忙碌卻十分帶勁兒，因為所做的工作內容都是他的興趣所在，既具備挑戰性也充滿了無窮樂趣。

有次他的一句話讓我思索良久，他說：「我們工作團隊裡表現出色的，都是些當年在學校中成績普通的學生，當時不愛念書，鋒頭總是被校園裡那些用功讀書品學兼優的的亞裔學生占盡；但是啊，現今在我手底下做事的卻都是當年那些straight A（全A）學生哩！」

M的這番話不無些許得意之色，但他也語出中肯地認為，出社會多年，學生時代的成績早就只是一紙過眼雲煙，真正影響職場表現的，是工

作態度、人際應對關係、對資源的尋求與應用，及面臨困難與挑戰時的危機處理能力及自身的抗壓性。那些當年的乖乖牌學生，因為自幼學業表現出眾，背負了所有師長的期許，全心全意追求分數的極致，反而拘限了他們的創造力與活潑思考的想像力，同時因為從小平步青雲，從未吃過苦、受過任何挫折，一旦遇上難關，很容易便被擊倒。「如果他們是溫室裡的花朵，我們就是陽光下的小草，雖然生長的過程平凡無奇從不被注意，卻是生命力旺盛，愈挫愈勇呢！」

每個父母總是希望孩子出類拔萃，為人之龍鳳，頂尖的學生進入名校畢業後事業有成者，當然也為數不少，但是，如果單一以成績來論斷孩子，盲目地以進入名校窄門做為唯一目標，而忽略孩子的興趣、資質、天分與才能，難免失於偏頗且扼殺了他們潛能發揮的無窮可能。

回頭看看過去的高中、大學同學，如今在社會上真正有成者，都不是當年名列前茅的資優生，反倒是成績不怎麼起眼的中段班學生；何況，所謂「成功」也只是世俗功名的外在光環，真正重要的是內心的自在平靜與歡喜。這世界上有太多頂著成功耀眼冠冕的人卻過著不快樂的人生。《時代》雜誌（*Time*）曾經做過一篇專題報導，探討哪裡是這世界上最快樂的國度，結果答案是喜馬拉雅山麓上一個不起眼的小國——不丹。這個香格里拉的世外桃源土地不比臺灣大多少，人口卻只有七十萬，人民對於生活的幸福滿意度高達百分之九十七。他們不以各種經濟數據做為衡量國家進步的指標，而是以人民的快樂程度為政府施政是否成功的依據，因此造就了一塊全球幸福指數最高的人間淨土。

記得讀過一篇故事，一位成功的商人到南太平洋島嶼渡假，坐在船上欣賞藍天碧海美景，他對著搖槳的船夫說：「你看看你能掙多少錢，要像我這樣努力工作事業有成，才能賺很多錢啊！」船夫聽了問他：「那你賺了很多錢以後要幹嘛？」大老闆似乎覺得船夫不點不亮，洋洋得意地說：「賺了白花花的鈔票，我就能自由自在飛到美麗的海島享受悠閒快樂的時光啊！」船夫摸摸腦袋納悶不解：「我現在不就在過這樣的日子嗎？」

一個真正懂得生命自在圓滿本質的人，不是每天做著讓自己開心的事

情，而是能夠快樂知足地做著每一樣事。所謂幸福的人生，應該便是如此一點一滴累積起來的吧！

助人的蝴蝶效應

兒子高中橄欖球隊在暑假接近尾聲時，舉行了兩個禮拜的「地獄週（Hell Week）」魔鬼訓練，每天上午和晚上各一場練習，這是為緊接開學後的比賽做密集鍛鍊，教練希望每個隊員都能參與。

參加地獄週魔鬼訓練的前提是，必須取得醫生健康診斷證明，確保學生體能狀況及健康情形能禁得起激烈活動的磨鍊。原本以為兩個月前醫生所做的童子軍體能健康檢查可以替代使用，沒想到教練在最後關頭表示，學校正式運動員表格仍需有醫生的簽名才算數。當時已經是星期五傍晚，只剩週末兩天的時間，星期一一大早便需要把表格交給運動部門主任，否則便無法參與訓練及開學後的比賽活動。

這真是給我們出了個難題，在美國醫生通常週末不看診，尤其我們的保險醫療系統醫生預約要一、兩個星期時間，這時候要上哪裡去找人？我翻開電話簿，好不容易找了家星期六看診的小兒科診所，打電話去問，結果不僅費用驚人且健康檢查要排到一個月之後，遠水根本救不了近火。

後來只好試著聯絡我們所投保的醫院，幸運的是，兩個月前為兒子做檢查的醫生在週日下午剛好輪到緊急照護值班，會進診所。我留了話給她的助理，將事情始末做了說明，希望我們禮拜天到醫院時醫師能在學校表格上簽下她的大名。

孩子的爹向我潑冷水：「妳又沒有掛號看醫生，人家幹嘛幫你簽啊？」「可是健康檢查是她做的啊！學校也接受之前做的檢查，只是要麻煩她在學校的表單上再簽一次名就好了。」如果為了這檔事還得再掛號看醫師重做一次檢查，那麼帳單寄來肯定又是讓人扼腕一番。

我寫了封文情並茂的信附在表格之前，正式地把來龍去脈解釋了一遍，並對她的協助致以無上的謝忱。星期天下午我們準時來到醫院，向櫃台小姐呈上文件說明來意：「這個嘛……，要看醫生肯不肯簽耶……。」她略有遲疑邊在電腦鍵盤上飛快打字，邊將訊息傳遞給醫生辦公室：「你們請坐一下，等會兒護士會來叫你們。」

過了幾分鐘，一位笑容可掬的護士小姐出來，把我們迎進護理站，她很親切地告訴我們，檢查既然是醫生做的，那麼在學校健康表格上簽名應該是沒有問題。「醫生現在還沒進來，大約要等二十分鐘，如果超過這個時間，我會再通知你們。」她留下文件請我們回到候診室等待。沒想到才不過五分鐘，她便笑咪咪地走出來揚揚手中的紙張：「醫生已經簽好名囉！」

這位護士小姐態度既誠懇又親和力十足，從頭到尾臉上都掛著真摯的笑容，讓人如沐春風。其實我們一來沒有掛號又臨時提出這樣的要求，他們大可以拒絕。透過她的慷慨協助及醫生的阿莎力幫忙，原本棘手的事很輕鬆地便解決了。他們樂於助人的工作態度讓人十分欣賞，也很感激。我向兒子上了一堂課，鼓勵他要效法這位護士阿姨助人的熱忱，一個熱心助

人、具有熱情及親和力的人，不僅會為自己廣結善緣，同時也能帶給周遭的人溫馨歡喜。

生活上會遇到許多不相識的陌生人，花點時間、氣力，舉手之勞為他人提供適時地幫忙，讓這份助人的種子如「蝴蝶效應」般散發出去，在各地開出幸福良善的花朵。

你那什麼態度啊?!

美國親子教育專家蜜雪兒．玻芭（Michele Borba）寫了一本書，書名非常逗趣——《你那什麼態度啊?!》（*Don't Give Me That Attitude*），書中詳細描述了教養孩子時所會面臨到的許多行為問題，例如：自大、自私、目中無人、輸不起、故意作對、不負責任、不知感激……。對於現代父母來說，很貼切地指出這一代於衣食無虞生活環境下成長的小孩所普遍具有的態度偏差現象。

根據一項調查，只有百分之十二的美國人認為現在的孩子懂得尊重他人，大部分的人都覺得這些小孩「無禮」、「不負責」、「缺乏管教」……，愈來愈多的父母認為在養育子女過程中經常瀕臨失控的局面，不知如何是好。

上個星期兒子球賽，遇到一位媽媽，我們聊起了彼此的一些養兒育女經驗。這位看得出來飽受孩子教養問題困擾的母親，皺著眉頭憂心忡忡告訴我，她的老大脾氣不好，經常莫名其妙鬧彆扭，搞得全家氣氛惡劣，有時甚至還會摔東西洩憤，簡直不曉得該如何應付。

這個孩子其實在過去一年有明顯的成長，舉止行為都成熟許多，會出現朋友所描述的惱人行為，第一，有可能爸爸、媽媽的脾氣也不怎麼好，在有樣學樣的情形下，自然照單全收，像鏡子一般映照出父母面對挫折、衝突的可能反應，父母是子女的一部活教科書，身教的力量千萬不能忽視；或者，孩子本身積壓許多負面情緒，當累積到某種程度時，便如水庫洩洪般發洩出來，禍及周遭的人。

也有可能情緒的宣洩是一種引起關注的手段，平常父母忙於工作、家庭瑣事，無暇顧及孩子（不管是物質還是心靈層面），為了引起父母的注意，動怒、發脾氣、製造麻煩、欺負弟妹……，成了迫使爸媽將焦點重新放在他們身上的方式。

對付像這樣的孩子，家長最好抽出時間多陪伴他們，讓其感受到來自父母的關心與愛，事業固然重要，然而家庭的溫馨和諧更要緊。臺灣一位曾罹患重症的企業知名人士，在生病期間心裡最放心不下的便是兩個兒子，當時他心想：「為什麼在生命中占如此重要地位的東西，我卻只願意花百分之二十五的時間在上頭，而將其餘百分之七十五的時光都奉獻給了工作與其他無關緊要的事情？」康復之後，重新調整步伐，他已經知道這個世界上什麼是真正該珍惜、必須努力把握，因為時間不會再重頭來過，錯過的就永遠錯過了。

我不只一次聽到為人父母抱怨孩子很難管教，七、八歲的小孩也會出現青少年才有的叛逆徵兆，attitude problem（態度問題）似乎已成為現今父母最頭疼的問題。

十九世紀英國著名作家查理・瑞德（Charles Reade）的名言：「思想產生行為，行為養成習慣，習慣形成人格，人格則決定命運。」任何偏差

的態度、行為都得及時糾正，因為種下一顆不良腐爛的種子，將來長成的便是一棵敗壞不正的樹，影響是一生的。

進入青春期的大兒子有時候也會出現態度問題，不耐煩或是說話語氣不佳，我後來發現這與他的情緒變化有相關性，不良的應對態度是果，而非因，小孩子跟大人一樣也有情緒起伏，當心情不好時，自然會覺得父母的嘮叨更形刺耳與難以忍受，所以我們必需時常提醒自己去探索bad attitude（不良態度）背後造成的因，不要只將焦點擺在表面的行為上，製造親子之間劍拔弩張的火爆場面，使情況更為惡化。

《你那什麼態度啊?!》作者在書末結語提到，這是一個危險與不確定的年代，是一個不管身為父母或子女都不輕鬆的世界，孩子的態度、行為除了反映家庭樣貌與價值，同時也深受整個外在大環境的影響。有太多的事情我們無法掌握，然有一件事可以做的是：be parents（做父母）。

任何我們現在所下的每個決定都將深深左右孩子本身及其未來所處世界，最終我們會發現，我們最在乎也最重要的並非孩子進什麼名校、拿什麼學位、年薪多少，而是他們的人格養成與生活價值，這才是凌駕一切最根本終極的目標。

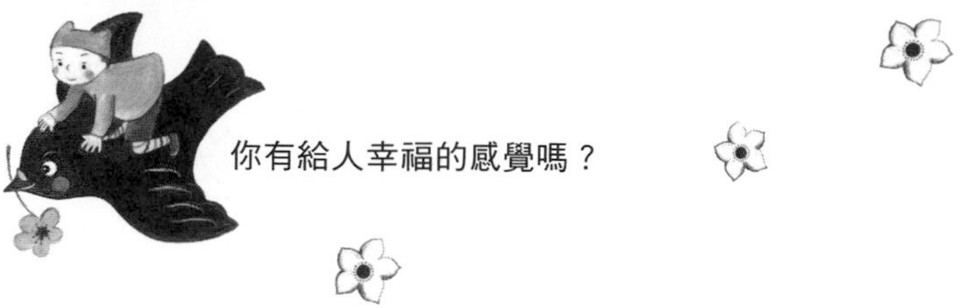

你有給人幸福的感覺嗎？

有一次和小兒子聊天，我問他：「你覺得幸福嗎？」那時才七歲的他很疑惑地問著我：「什麼是幸福？」

「什麼是幸福？」對於眼前這個整天還拿著一條安全小毛毯（security blanket）在身邊的小人，實在很難向他解釋幸福的定義。「幸福就是一種很長很長、很久很久的快樂的感覺，你覺得做什麼事情都很開心，身旁的人都很愛你，你也很愛他們，每天都過得很滿足……。」我嘗試用最簡單的字眼跟他說明什麼是幸福。

「那你覺得你很幸福嗎？」他點點頭，雖然我知道他可能還是懵懵懂懂不知道什麼是幸福的滋味，但肯定的是，他是個快樂的孩子。

幸福應該是一種深沉滿足的狀態，如果快樂是點、線所發生的種種令人愉悅的事件，幸福便是這些點線所串連起來的一個面。有時候，幸福的感覺可能很簡單、很平凡，也許在一個下雨天的夜晚，全家人一起圍坐在餐桌前享用熱騰騰的晚餐，一股溫暖幸福的感覺便悄然湧生起；也許，是大病初癒後，所見到的早晨第一道陽光，那金黃燦爛的晨曦色彩讓你充滿了重生的希望，覺得自己被包裹在滿滿幸福的氛圍裡；也許，是在夜晚，看著孩子睡夢中天真無邪的臉龐，再多的辛勞也化為烏有，感覺自己是全世界擁有最多幸福的父母……。

人的一生中所追求的，也就是一種幸福快樂的生活，但往往我們追求的卻是自己所定義的幸福的感覺，是「自己」的幸福，是「自己」的快樂。當我們在抱怨身旁的人沒有給我們幸福的人生，沒有讓我們有快樂的感受，或是，覺得對方根本就是阻礙自己得到幸福喜樂狀態的絆腳石，有沒有想過，「那他們呢？他們幸福嗎？我有給他們幸福的感覺嗎？」

如果在你周遭的人，不管是家人、朋友、同事，都是不開心的、鬱悶

的、甚至覺得很倒楣的人，那你肯定與幸福距離遙遠。所以，在給自己幸福感受之前，應該先想想：「我的先生（老婆）幸福嗎？我的孩子幸福嗎？我的父母、兄弟姊妹幸福嗎？我有給他們很幸福的感覺嗎？」如果答案是否定的，那麼問題的癥結點，在於應該如何讓親愛的家人從你身上得到溫暖的愛，如果身旁的人都是幸福、愉快的，那你絕不會是一個與幸福絕緣的人。

從現在開始，在與他人相處時，隨時提醒自己，有沒有給對方幸福的感受，要站在他們的立場與角度思索，事實上，我們每個人都是一體的，我們所說出去的話、所做的事情，其所產生的效應會在因緣成熟時刻回到自身上。為別人所做的事，也就是在為自己做，不能為別人做的事，也無法為自己做。想要成為幸福快樂的人，就讓周遭的人也成為幸福快樂的人，這是最快捷迅速的方法。而且不僅是周遭親近的人，這份讓別人快樂之心也能擴展到不認識的陌生人，哪怕是遙遠世界中與你毫無關聯卻生活在悲慘之中的貧窮者。

李家同教授在一篇〈我日用糧〉文章中敘述，他的一位朋友是事業成功的富人，住豪宅，生活奢華。一天走進一家教堂附設的遊民餐廳，看了一部影片，片名是《我們沒有每日用糧》，片中飢餓孩童各個骨瘦如柴，瀕臨死亡，他看了非常難過，憐憫惻隱之心油然生起。在負責人將主禱文「我們日用的食物，今日賜給我們」這段《聖經》文講解給他聽之後，他決定用自己奮鬥一輩子賺來的錢財救助那些於生死邊緣掙扎的弱勢族群。他將名下所有房產變現，只餘留能夠過得溫飽的一小部分，其餘全部捐贈給貧窮困苦等待援助的家庭。「成功，不是你贏過多少人，而是幫過多少人；不快樂的人，是因為沒想過要帶給別人快樂！」

停止抱怨別人沒有給你帶來幸福快樂，讓自己成為幸福的製造機，能夠為旁人臉上掛起一抹燦爛的笑容。聖嚴法師在《放下的幸福》書中說：「真正的幸福，不必依賴任何外在的人事物，也不是來自變幻無常的情緒與感覺，而是心的一種清楚、愉快與平靜的狀態。」因此，幸福來自於內心的真實感受，不必外求；唯有放下所有的執著，回歸最單純的本來面

你有給人幸福的感覺嗎？

目，不管是自己，還是身邊親密的家人朋友，才能夠獲得全然自在的喜悅，享受無時無刻不在的幸福滋味。

如何與他人自在相處？

生活當中許多不愉快與煩惱往往與人的相處有關，比如說，他人講的一句話、做的一個動作，可能都會讓你起煩惱心，「他為什麼那樣講？」、「他們憑什麼對我如此？」然後就開始編織許多自己幻想出來的受害情節，愈想愈不開心，愈想心裡就愈生氣，原本可能微不足道可以一笑置之的事，演變成殺傷力驚人的大事件。

為什麼會這樣？

一個很重要原因是我執太重了，因為想來想去都是以自我的觀點角度去審視問題，將他人與自己看成是對立的，所以無論對方說了什麼話、做了什麼行為，都會往不好的方向思考，如果把自我稍稍放下，在心裡停止

傷害性的對話，將牽涉其中的人看成跟你一樣，也是想尋求快樂遠離痛苦的普通人，「他或許也不想這樣，恐怕心裡也很難受吧……。」如此怒氣與瞋心應該會減低一些。

幾年前老大上小學五年級時候，剛開學沒多久，學校老師寫了封email過來，說兒子作文謄寫時沒有訂正錯誤，對於這樣散漫的行為希望家長配合教導。我收到信後立即把兒子叫過來，仔細盤查詢問，他很無辜地告訴我，錯誤都已經改正了，不曉得老師為什麼這樣講。我稍後回了一封信，向這位教學嚴謹一絲不苟的老師解釋這樣的情況，並且很客氣地說這可能是誤會一場。沒想到過一會兒老師便回了信，大意是說我們選擇相信孩子的說法，等於是間接不信任她，讓她感覺being offended，就是覺得被冒犯了，並且要我們第二天到學校當面跟她談。

信雖然很簡短，措詞卻不是很客氣，都可以聞得到字裡行間的煙硝味。那天晚上覺得時間特別難熬，第一擔心孩子是不是說謊，再來是被誤解的委屈，心裡愈想愈難過，恨不得馬上衝去學校解釋清楚。內心的對話都是為自己辯解的聲音，在那個負面的情緒中波濤洶湧了好一陣子。後來一個念頭在我心中閃過：「她想必也不好受吧！」站在她的立場來看，學生犯了錯，家長卻沒有站在同一陣線，還以為是烏龍事件，對於她這樣認真教學的老師來講，恐怕也很受傷，而且她的激烈反應代表了她很在乎，一個在乎學生的老師總比得過且過漫不經心的老師要好多了吧！雖然我們之間還需要多些溝通。這樣轉念一想，竟然開始同情起這位女老師，想到她現在心裡也同樣不好受，我和她之間有了同理心的聯繫，於是原本糾結的心釋懷了。

第二天，我們去學校和老師做了詳盡的溝通，發現老師和孩子都有弄錯的地方，於是誤會解開，從此以後，彷彿不打不相識，我們和老師的關係像倒吃甘蔗一樣漸入佳境，兒子現在上中學後還和她保持聯繫，逢年過節都要去拜訪她。想起最初那場自尋煩惱的戲碼，不禁覺得人心真是很容易被環境所牽動，因為自我防衛與我執的習性，輕易就把自己與對方畫下敵我的界限，如果能把其他人都想成是跟自己一樣，也是想離苦得樂的眾

生之一，那麼對於很多似乎與你有衝突、不可理解的語言與行為就不那麼令人難以接受，且會以比較客觀的角度、慈悲的胸懷去思索對方的立場與想法。

在《真心就自在——改善人我關係的六個步驟》（*A Truthful Heart: Buddhist Practices for Connecting with Others*）這本書中，談到了如何運用禪修的方法，培養慈悲心，它的理念就是從「每個人都想快樂，不想受苦」的思考概念出發，讓我們更能展現對他人的關懷。作者傑佛瑞・霍普金斯（Jeffrey Hopkins）是國際知名的西方佛教學者，他曾擔任達賴喇嘛至世界各地演講即席英文口譯長達十年，並於維吉尼亞大學（University of Virginia）創立了「佛教與藏傳佛教研究所」，著作被翻譯為二十多種語言。書中提到要改善人際溝通，最重要是以慈悲心做出發，便能釋放內心的敵意與排斥感，展露無礙的真實心，這是最根本自利利他的途徑，甚至是一切快樂的根源。

霍普金斯用明確、漸進式的禪修方法，教導讀者如何從平等心開始，體解到眾生都只不過是想獲得快樂、脫離痛苦，就能慢慢建立起慈心（希望他人快樂）與悲心（希望他人離苦）。當你用慈悲心對待生活周遭每個人時，自然就能以自在的態度與他人溝通相處，也就不會衍生那麼多無謂的煩惱。

當遇到令你憤慨傷心難過的事情時，請冷靜下來，停止腦中喋喋不休自問自答的受苦情節，叫你的腦袋shut up！試試看用這個慈悲心的方法，便會發現其實眾生都是在這個娑婆世界共受苦難，他們的日子也並不會比我們好過，悲憫之情會源源生起，長時間如此練習，身心會如同原本表面粗糙尖銳的石子，逐漸被磨蝕成一顆溫潤美玉，平滑而散發出溫暖的光澤，能以更自在慈悲的心面對所有的外境，這個時候，「希望他人離苦得樂」的境界可能更上一層轉為「幫助眾生遠離痛苦、獲得快樂」了。

天才養成夢

有次大兒子參加了一項在南加州舉行的兒童青少年鋼琴比賽，空間不大的演奏室擠滿了入內聆聽觀賞的家長，旁邊一位約莫十歲左右穿著西裝打著黑色領結的小男孩，在我們到達時已經演奏完畢，正坐在媽媽身邊顯出非常不耐煩模樣，不斷說著："It is so boring!（好枯燥乏味喔！）""I'm so bored!（我覺得好無聊啊！）"奇怪的是面對孩子如此缺乏禮貌教養的行為，那位媽媽卻沒有採取任何舉動制止，只是輕拍著男孩的背以示安撫。

當時對於他侵擾到其他演奏者的言行覺得很不以為然，對於那位母親沒有把握住這個機會教育灌輸孩子尊重別人的重要性，也相當不能理解。

後來頒獎典禮時，這位男生獲得了那個年紀組的冠軍，原來是個富有才華的音樂小天才，我想起那位母親對孩子的縱容，心裡明白了幾分，泰半父母對於天資聰穎表現優異的小孩通常容忍度都比較高吧！會忽略他們在生活上的小細節，會比較不在意他們個性上的小缺失，因為他們是如此地傑出、優秀，父母免不了會多出幾分寵愛、幾點憐惜。可是看看那個男孩子完全不把別人放在眼裡，滿臉盡是驕縱神色，就算他有莫札特的傲人絕世天賦，在音樂世界裡縱橫天下無敵手，他長大後，能適應這個社會，人際關係能不出現危機，能夠學著不在他人的掌聲中平凡過日子……？

中國人對於能養出天才兒童總是沾沾自喜，從小要孩子學習各種才藝，鋼琴、小提琴、舞蹈、繪畫、陶藝……，彷彿不把子女的時間填滿便對不起自己。許多家長奔波於各種大大小小競賽場合，要孩子出類拔萃出人頭地，在蒐集獎盃、獎牌的生活裡，累積對子女的自豪與驕傲。可是，瘋狂盲目追逐穿梭於各種才藝的學習競技中，父母往往疏忽了孩子的生活教育，及價值觀的養成。孩子以為只要努力有所表現滿足爸爸、媽媽的虛榮心，其他一切都是其次，即便犯了錯，父母也不會在意。所以我們養出了許多專業領域極端突出才華洋溢，卻不懂得對他人付出關懷、不知道尊重別人、不懂如何與人相處的生活低能兒。這樣子的小孩，童年時過關斬將、奪得了許許多多喝采獎勵，處處走在同儕腳步前；長大後，卻因個性上的缺失、人際關係的磨難不順遂、對挫折的忍受度低……，而很可能一事無成，甚至走上失敗的道路。

一位中學老師在報上投書，提到有次邀請班上名列前矛的資優生來家裡聚餐，結果這幾位聰明活潑的學生一進門後，從對師丈的禿頂批評到菜色的不滿意，並且私自進入主人臥房指指點點，飯後告辭時沒有說聲謝謝便留下滿桌殘餚碗筷及滿地書報揚長而去。老師感慨萬分不曉得這些平日成績耀眼的明星學生怎麼會連一點基本禮儀都付之闕如，這到底是誰的錯呢？

一座冠軍獎盃無法陪伴孩子一輩子，真正能影響他們的是正確的價值觀、有禮貌能為自己負責任的積極人生態度。有形的榮耀是一時的，無形的內涵、思想才是左右一個人是否成功的要件。

我常常在替兒子選擇才能學習與留給他們自由空間時間中擺盪徘迴，一方面想為其發覺自身潛能不願錯失任何機會，但又不想在逼迫孩子力求表現過程中喪失了他們對學習的興趣，同時忽略了生命裡其他更多更重要的東西。

這便是父母難為之處吧！只有時刻提醒自己不要掉進這個集體歇斯底里的天才子女養成夢。有了天才，卻失掉良好互動親子關係及過日子的能力與歡樂，總是人生的大缺憾。

面對問題，放下它

有一次心不在焉的情況下，倒車時沒有注意到旁邊本來是空著的停車格突然駛進來一輛車子，因為開的是位置較高的休旅車，完全沒看到如幽靈一般滑進來的小轎車，想都沒想便將方向盤打彎，結果擦撞到那輛車，我聽到金屬碰撞的嘎嘎聲響，心裡想：「完蛋了！怎麼會撞車呢？」

我和對方車主同時下車檢查車子受損情形，他的車子側邊從車頭延伸至車尾三分之一處有兩道深深的刮痕，看了怵目驚心。我們當場互換保險公司資料，拍了一些照片，便各自離開了。

回到家後，一股懊惱的情緒徘徊不去，「怎麼會這麼不小心？」、「事情應該不會發生的……。」、「如果注意一些……。」心裡的OS

不斷浮現，一直在自責的思緒中跳脫不出來，雖然小車禍已經過去好幾個小時，我的整個身與心都還停留在那個現場，腦海裡持續播放意外發生時的景象。

這時小兒子明顯看出我的「不正常」，問我：「妳為什麼不開心呢？」我告訴他因為覺得明明可以避免的事情，卻讓它發生了，心中覺得很懊惱。他聽了後以一副很豁達的姿態對我講了一句話：「賠他錢就是了嘛！有什麼好想的！」

這句話噹的一聲轟進我的腦門：「賠他錢就是了嘛！」是啊！事情已經發生了，再多的後悔、自責、難受也於事無補，為什麼要讓自己陷在那個不好的情緒裡出不來，反覆琢磨思量，賠掉了所有的時間浪費於無謂的想法上。我馬上拿起電話打給保險公司向他們說明意外始末，接下來如何處理就是他們的工作了。每年動輒上千的昂貴汽車保費，不就是要防備不時之需應付諸如此類的狀況嗎？

小孩子的思維單純，遇到事情反而能擺脫情緒煙霧的障蔽，直指問題

核心尋求解決之道。車禍發生後，小男孩雖然也有受到點驚嚇，但很快便從那個負面情感中脫離出來，回歸到生活軌道上，該做什麼事便繼續做什麼。當我還在為事件傷神（應該是恍神）懊悔時，小男生已經完全把這檔事拋諸腦後，專心地沉浸在他的樂高積木遊戲中，全心全意，活在當下那一刻。我的身體雖然與他同處在一個空間，心緒卻環遊到自我架構起來的虛擬情境中，身心徹底分離。回想意外發生時，就是因為心不在焉，沒有注意到外在環境的變化，只沉溺於內心的對話與思索中，才會電光石火中造成擦撞。如果還延續著那樣的恍神狀態，被破壞性的負面情緒所占據，豈非重蹈覆轍，為下個錯誤埋下導火線，或是萌芽的種子。

生活當中有許許多多讓我們放不下的情況，明明事件已經成為過去式，我們卻還沉浸在當時的情節與對話中，好像錄影帶般不斷於腦海中演練再演練，播放再播放。身體在當下這個時空，心卻跑到過去徘徊流連，不肯離開，如此只會製造更多煩惱與妄想，對事實一點幫助也沒有。

聖嚴法師的名言：「面對它，接受它，處理它，放下它。」當生活中遇到難以預料的事故，第一個便是勇敢地面對它，接受它的發生，然後以最恰當完善的方式解決困難。一旦已經採取行動做了當下最圓滿的處理，就把它放下吧！反思這場意外，一開始雖然面對它也做了些處置（拍照，交換保險資料），但卻一直抗拒接受它的發生，心裡充滿了自疚惱恨的壞情緒，將這部劇情糟糕的爛片不斷於腦海中重複播放，完全無法放下。後來幸虧小男生的提醒，讓我接受了這是無可改變的事實，採取更進一步的解決之道（與保險公司聯繫），然後便將這一切拋諸腦後，放下了它，把身心重新對焦回到當下那一刻。

事後保險公司的妥善處理，讓我一點都不需擔心任何細節問題，證明了先前的擔憂都是毫無意義的庸人自擾之舉。人，真的是很會自尋煩惱的動物，常常會幻想編織許多故事情節來困擾、為難自己。事實上，我們所擔心的事情百分之九十九都不會發生。想那麼多幹嘛，好好在每一分每一刻的當下中安心過日子吧！

只要我需要，沒什麼不可以!?

有天早晨送孩子上學時，原本寧靜的街道已經人車喧嘩十分熱鬧，正要離開時，突然聽到一陣刺耳的喇叭聲，而且連續按了好幾下，在美國住久了，很難得聽到汽車喇叭聲，尤其是這種帶著不耐與怒氣按著喇叭不放手的更是罕見。

我不禁好奇地回頭張望，看看究竟發生了什麼事？

在我眼前呈現的，可以算是奇景：一輛寶馬豪華轎車停在十字路口Stop Sign（停車標誌）前面，兩個小孩從後座跳了出來，一位東方臉孔的媽媽慢條斯理從駕駛座下車，不疾不徐打開行李箱，探頭往裡面拿出兩個大書包，交給她的孩子，然後，在所有駕駛及行人注目下以一副從容不迫的姿態慢慢走回車上，那個喇叭聲就來自於等在她後面的那輛車。

這下子我完全理解那陣喇叭聲為何會出現及那位駕駛心中的憤怒了，一來，那位太太在大馬路上把小孩放下車，是多麼危險的一件事；再者，她旁若無人以自認為優雅的姿態離開駕駛座，在車水馬龍的街上走到行李箱取東西，態度絲毫沒有匆促急忙的慌亂，對於擋住其他車輛更沒有丁點的抱歉與不好意思，她神色自若彷彿天經地義，其他駕駛只能以按喇叭來表達心中的抗議與不滿。

她的目中無人、匪夷所思行為，導致其後的車輛無法前進擁塞一團，眼看上課鈴聲就要響起，困在車陣中的家長真是急得如熱鍋上螞蟻，忙亂的交通更添幾分緊張的氣息。

這位媽媽不僅違法，她的自私行徑看在那雙兒女眼中，也是最不良的身教示範，在如此不遵守法令藐視他人權益、只顧自己需求的媽媽教育下成長的他們，長大之後，恐怕也會複製這樣的行為與人格。

許多華人父母極端注重孩子課業，卻忽略了最重要的人格養成，在接

送子女的時候，常常看到有些家長為貪圖方便將車子直接開到別人的住家院子裡，讓孩子上下車，他們對年幼的小孩送出什麼樣的訊息？是不是「只要我需要，沒什麼不可以」？可以全然不顧是否會影響到別人的權利、安全、觀感與想法？

還有一次在朋友家聚會，一位客人突然說：「這個春捲真好吃，我兒子就吃了一大盤！」也許她的意思是要藉此讚美主人的手藝，但是如果是發生在我家兒子身上，肯定會被我臭罵一頓，因為餐會還在進行當中，不知道其他客人是否還要享用，怎麼能因為覺得好吃合自己口味，就盡情地取用？

現在的孩子從小在物質無虞、要什麼有什麼的環境中成長，凡事以自己的欲望滿足為優先，鮮少顧及到他人的需要與感受，「體貼（considerate）」一詞對他們來說彷彿是外星文字，會造成這樣的結果都是來自於父母的寵溺，以及負面身教的拷貝作用。

一個在父母抱持「只要我需要，沒什麼不可以」信念下教育長大的小孩，將來也肯定會是一個不懂得「尊重」為何物的自私大人，這是社會的悲哀，更是孩子本身生命最大的缺憾！

不要太用力過日子

有時候我們過日子，可能都太用力了，以致往往為自己與他人增添了許多不必要的煩惱。

兒子學校謝師週的第一天，每個小朋友都被建議帶一朵花送給老師。吃過早餐後，便到後院花園裡，選了一朵開得最飽滿、顏色鮮豔欲滴的紅玫瑰，這朵正值盛開的玫瑰花，不論花朵形狀、葉子的排列、恰到好處的胭脂紅，都完美地像是一件藝術品，讓每個人看了都賞心悅目，最特別的是，它竟然整株沒有會扎手的刺，簡直就是萬中選一的最佳女主角。

兒子上車時候，我囑咐他將花拿好，可別弄壞了，他隨手把那朵花放在書包旁，回了我一句：「它沒有那麼fragile（脆弱）啦！」到了學校後，我先下車，將後座車門打開時，我那句：「把花拿過來……。」才剛講完，就看到兒子將書包一扯，碰到旁邊的玫瑰花，花朵「喀嗒」應聲折斷，當下，好像看到一個風華絕代的美人殞落，原本有著活潑生命力的植物，在瞬間就被孩子的疏忽遭遇到腰斬的命運。我的不高興全寫在臉上，語氣含慍地說：「你為什麼這麼不小心？……。」他知道自己闖了禍，囁嚅地回說：「反正又不一定要帶，是optional（自由參加）的嘛！」「可是這花那麼漂亮，是我們費心挑選的耶……。」我還是有點懊惱。

為了懲罰他的不小心惹出來的意外，我要兒子自己走進校園，不再像往常般陪伴他進去。看著他過馬路小小的背影，雖然餘怒未消，但有個聲音在內心裡響起：「不過就是朵花，為什麼要那麼生氣呢？」孩子說的沒錯，要不要帶花送老師完全是optional的，學校並沒有規定一定要帶啊！看到玫瑰花折斷的那一剎那，為什麼我不能一笑置之，把它當作是一場無關痛癢的意外，為什麼要把自己處理這場事件的不良情緒感染給兒子？他也不是故意要讓它發生的。

整個早上我都在思索：一朵花的凋零，與我的不開心，中間有什麼相連帶的關係？後來，慢慢釐清楚，我的不開心來自於失望，而失望，又源自於最開始的「太用力」，「太用力」地挑選花（之前先生摘的兩朵花都被我否決掉），「太用力」地讚歎花的美麗，「太用力」地沾沾自喜於自己的品味與好運道……，因為對這朵花投注了如許多的情緒與讚賞，以致當結果往不符合期待（意外毀壞）的反方向進行時，內心的落差造成一時惱怒的情緒化反應。如果，我們以平常心過日子，不要「太用力」地要求每件事都要按照自己的標準，「太用力」地期待周遭的人都要符合我們所設下的框架，以一種隨緣的態度，不把主觀情感、思想投射到外在事物，讓它們如實呈現本來面目，也就不會有這麼許多自尋煩惱的戲碼上演。

我們都太用力過日子了！

聖嚴法師曾說，我們要用直心來過生活，直心就是對所有人事物都不加以評斷，沒有完美，也沒有缺陋，心就像一面鏡子般如實映照出所有東西的真實風貌。

我們仍然要感嘆大自然的奧妙，讚賞花朵的美麗、綠樹的盎然、山巒的青翠、白雲的柔軟、晚霞的風情……；但當花瓣凋零、綠葉枯萎、夕陽隕落或是烏雲密布時，我們仍然要像一雙軟綿綿的舊襪子般舒適自在，隨遇而安，隨時安心。要做到這樣的境界雖然很難，但每天提醒自己不要用衝百米的力道過生活，用馬拉松式的百分之八十力氣便足夠了，這樣路才能走得長遠。《菜根譚》有句話：「醲肥辛甘非真味，真味只是淡；神奇卓異非至人，至人只是常。」隨時用這種淡與常的心態調整步伐，才能嘗得人生的真滋味。

Chapter 2

快樂孩子禪

讓孩子贏在未來

十幾年前中國大陸一位小學老師針對畢業學生進行多年的追蹤調查，提出了所謂《第十名現象》，他發現那些原本在校成績中等的學生在事業上成就遠遠超過預期、令人刮目相看，反而是名列前茅的模範生出了校門後逐漸遜色，表現平庸，失去昔日耀眼的光芒。

這個成績普通日後卻迎頭趕上出人頭地的現象，無疑讓父母開始懷疑、自省「第一名」是未來成功的保證嗎？

許多人堅信不能讓孩子輸在起跑點上，強迫孩子學習各種才藝、進補習班，努力擊敗同儕奪得優秀名次，認為好成績、好學校便是往後人生平步登雲的保障，但是由於學習過程中受到過多的關注與壓力，這些資優生

反而喪失了發展其它潛能的機會，而且因為習慣了活在掌聲及他人的評價眼光中，日後一旦遇到挫折其復元及應對能力遠遠不如成績中段的孩子。父母過度強調分數的重要性可能適得其反，養出了只會讀書卻不知變通、學習自主性低落的書呆子。

過去數年來，我觀察了周遭許多朋友、同學，同樣也印證了這個「第十名狀元」的現象。那些個本來在校毫不起眼的醜小鴨，如今蛻化成了名校教授的美天鵝；原來學業成績頂呱呱的高材生，卻漸漸淹沒在茫茫人海中，提早結束了人生的輝煌時期。

一個成功的人生，需要的是堅持的耐力、良好的人際關係、處理挫折失敗的能力，以及對生命的熱情與創造力，學業成績只占了很小一部分。IQ（智商）與EQ（情緒商數）比較起來，後者是重要太多了，一個資質平庸的人如果擁有高EQ，能妥善運用資源，成功的機會還是很高；反之，聰明絕頂之輩如果欠缺情緒管理能力，無法激發潛能，不能延續在校的學習動力，將來也很難有偉大成就。

耶魯大學（Yale University）心理學大師羅伯・史登保（Robert J. Sternberg）提出「智慧三元論」，認為智商的評估應該包括分析能力、實務能力及創造能力三種。平常在校成績僅僅能反映出分析能力，而不能測量出實務及創造力，這兩者對於孩子出社會後如何在瞬息萬變、爾虞我詐的環境中是否能取得先機奪得最後勝利占有關鍵地位。

我們應該培養孩子解決問題的能力，而非一味要求數字上的滿足，一百分與八十分雖然差距二十分，然把眼光放遠到十年、二十年甚至更久遠之後，這些差異根本微不足道，我們要孩子贏在未來，而非贏在當下。事實上，人生的競賽是從學校畢業出了社會之後才開始，一切的考試、分數、名次……，都將在那個時點歸零，變成毫無意義。父母們不要小孩輸在起跑點上，卻忽略了誰能堅持到最後誰才是真正的贏家。

從小爸媽不曾在功課上給予任何標準與壓力，讓我能愉快地度過童年時光，並且養成了自動自發讀書的好習慣，我很感激父母如此地「放任政策」，也更堅信學業成績只是人生成功的一小部分因素，絕非全部。如何

培養孩子學習的續航力、發掘潛能進而發揮才能與志趣，才是父母的首要目標。前陣子看到一則新聞，報導臺灣小學學童奪得世界蛋糕大賽冠軍的消息，當所有同學忙著進出各種鋼琴、心算、舞蹈才藝班，兩位姊弟卻整天在廚房揉麵粉烤糕點，做著做著竟然就做到了全世界的頂尖，不得不讓人佩服他們的父母遠大的眼光及敢放手順應孩子興趣的勇氣與信心，不是每個人都可以做到這樣子的。

家裡兩位小兄弟還看不出將來的性向與發展，但時刻警惕自己，別讓眼前一關又一關小小的試驗與競爭，遮蔽住將目標放在遠方的宏觀視野，掉入現代父母渴望子女成龍成鳳的集體焦慮中。像《商業周刊》所引述前教育部長黃榮村的話：「他還在學習，你要他贏什麼？我們要讓他去贏未來！」

讓孩子贏在未來，掌握自己的人生，為個人生命負責。我們能給予孩子最好的東西，不是短暫學習生涯過關斬將如曇花一現的成功滋味，而是能為自己驕傲、喝采延續終身的滿足與快樂。

少抱怨，多珍惜

很多東西都是在失去以後，才覺得萬分珍貴。旁的不說，就拿「電」這個東西來講，有誰會注意每到天黑往牆上開關一按，屋內便燈火通明，遙控器一開，冷暖器便開始運轉，音響、電腦、電視、電話、汽車、熱水器，生活上我們所使用的器具，無一不需要電力，我們對它的使用極其自然到幾乎不感覺它的存在。但在一次徹底斷電將近一百個小時的可怕經歷後，才明瞭我們是如何麻木、對各種垂手可得事物視之理所當然地生活在現代社會裡，忘記如何去珍惜、感恩我們所擁有的一切東西。

兩年前居住的城市發生一場風災，每年初冬之際加州都會颳起聖塔安娜焚風（Santa Ana Wind），所以當氣象局發布強風警報時，並未特別在

意。但入夜之後，風勢逐漸增強，陣風強勁來襲，沒多久家裡的燈泡便忽明忽暗，接著啪的一聲整棟房子陷入黑暗之中。到了半夜，強風不斷狂掃，玻璃窗被震得嘎嘎作響，屋子似乎都搖晃起來，彷彿要連根拔起，聲勢嚇人宛如臺灣的超級強烈颱風。

第二天清晨學區便打來電話宣布停課，臨近幾個城鎮全部成了重災區，數十萬戶居民斷電、街上到處可見東倒西歪倒塌的大樹滿目瘡痍，紅綠燈號誌損毀，交通一片混亂。因為停電的關係，大部分商店、餐館甚至超級市場都關門大吉，情況就好比電影中災難過後的景象。冬天天黑得早，四點多鐘太陽下山，整個區域便籠罩在茫茫黑暗之中。我和孩子們在家裡點起了蠟燭，將手電筒全部取出，過起了無電的原始生活，還把緊急手搖充電收音機找出來，自我娛樂一番，讓音樂稍微沖淡一點餘悸猶存的氣息。

原本以為第三天電力應該恢復了，沒想到依舊望眼欲穿，因為無法充電，眼看手機電池格數持續下降中，內心開始焦急起來，唯一對外聯絡管道如果中斷，那就真的是過起與世隔絕的日子了。第四天，我瘋狂地到處找地方充電，圖書館及許多公共場所都受到影響全部關閉，幸好遇到孩子中文學校校長，借了他們位於另一個城市辦公室做為充電基地，一口氣將家裡三支電話充得飽飽的，才安心回家。到了晚上，看見對面街道竟然燈火通明，家家戶戶閃耀著久違的光亮，讓我渴望的眼睛都要燒起火來。

我站在窗前，看著數呎之外一盞盞閃爍的燈火，發起呆來，從來沒有像這個時候這麼懷念起光亮所帶來的溫暖和隨處可及的電源。第五天早上，我和隔壁老太太貝琦不勝唏噓地談論起這幾天不見天日的生活。當夜幕再度降臨，想到又得度過一個伸手不見五指的黑漆漆夜晚，開始覺得有些沮喪，所以當無意中發現愛迪生電力公司工程人員在不遠處電線桿上架著階梯準備進行修復工作時，我的心狂跳起來，重新燃起希望，我興奮地將窗簾、窗戶打開，隨時監測他們的進度與對話，從中揣摩恢復電力的可能機率。

沒想到過了一個多鐘頭，工程人員撤退，四周依然黑壓壓一片。They

gave up!（他們放棄了！）孩子們難掩失望，只好將蠟燭吹熄，躲進被窩裡準備迎接另一個漫長黑夜。不知過了多久，在睡眼矇矓中，突然啪的一響，整棟屋子燈火通亮，我高興地大叫：「電來了！電來了！」一同時衝到屋子的每個角落，看看從黑暗中重新納入光亮的空間，內心歡欣鼓舞，在停電九十五個小時過著幾乎與外界隔絕的日子之後，彷彿又重回人間，回到光明與溫暖的世界。

在我的人生當中，從來沒有像這一刻般如此深刻感受「電」的可貴，我按著每個房間的電燈開關，一明一滅、一閃一爍，彷彿自己擁有魔法可以瞬間帶來光亮。沒有經歷失去，便不明白事物的可貴，日常生活當中，水、電、瓦斯、各種能源，大眾交通工具、便利超商、陽光、空氣、食物……，每一個環節都如此完美運作，你才能夠順利過著每一天的日子。你應該感謝每一個促成、成就你走到今天人生這一步的每個人、每件事，不管認識或不認識，有意識或無意識，都要抱持感念的心。德國作家迪垂克・潘霍華（Dietrich Bonhoeffer）說：「在日常生活中，我們很難理解

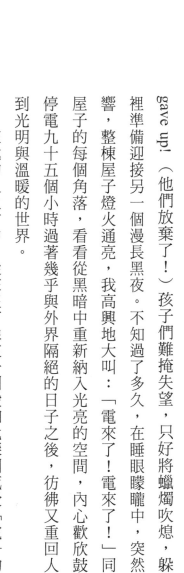

自己得到的其實遠比所付出的多，也很難理解唯有透過感恩，人生才會變得富足！」

珍惜所擁有的，試著想想，你現在所擁有的東西，明天早晨醒來後都將消失不見，以最後一天與它相處的心情去面對，說不定，原本看不順眼的老公（老婆）、讓你頭疼的孩子、老是來煩你的鄰居、很想換掉的老爺車、速度超慢的電腦、功能超有限的手機……，都變得可愛起來，不那麼令人難以忍受。

少抱怨，少煩惱；多珍惜，多福氣。

用加法數算人生所擁有

有陣子網路上流傳一段《不幸小弟》的影片，一位大約十歲左右小弟弟一邊抓著棉被一邊哭喊著：「我怎麼這麼不幸啊……，為什麼別人都會贏，我就是會輸啊……。」原來他是因為玩網路遊戲屢戰屢敗，一時心情氣憤加上鬱悶，不禁悲從中來痛哭流涕，被媽媽拍下來貼到網路上，引起許多回響。

網友認為這位「不幸小弟」的誇張動作表情很好玩，模樣神似小叮噹漫畫裡面的大雄，當作趣事一樁在網路上流傳。但這個新聞正好發生在日本世紀強震海嘯所造成的人間悲劇之後，許多小孩在一瞬間成了失去雙親的孤兒，而那位小弟弟只不過是玩電腦遊戲玩輸了便傷心地認為自己是世界上最不幸的人，兩種「不幸」對照之下，讓人覺得現在的小孩實在是太過幸福了，從來沒有遇過真正的苦難，不曉得這個世界上有許多生活條件遠不如他們的人，每天都在貧窮落後、天災人禍中掙扎著活下去，只要三餐能夠得到溫飽，便是他們最卑微的願望。

其實，不只是「不幸小弟」，大多數的我們都是如此。生活中有一點點的不如意，一點權利被剝奪，一些些的不順遂，便覺得上天不公平，抱怨自己的命沒有別人的好，總是看到他人風光的人生，見不著自己生命的亮度。我們都太習慣了擁有，視之為理所當然，不知道珍惜感恩，很多人只有在失去的時候才恍然大悟原來曾經擁有如此許多。

曾經讀到一篇文章，裡頭的男主角收入非常微薄，要節衣縮食才能夠供養年邁的父母及太太、孩子們，但是他每天卻過得很開心，別人問他緣由，他提到多年前人生陷入低潮時，在印度的自我放逐中，親眼目睹了一位母親為了孩子能夠行乞掙錢，竟然狠下心來砍斷小孩的手，震驚之餘，他不禁想到自己是多麼幸運，有健康的身體，一個完整的家庭，擁有許多

這些人所沒有的東西，他的所謂不順遂在此刻顯得如此可笑、微不足道。在往後的生活中，只要想起那個為了行乞而失去一隻手的小女孩，便會覺得自己的遭遇又算什麼？

每個人的境遇情況各不相同，而且人生的成功無法量化評比，與其過著拿自己的弱點與他人相較的「減法人生」，不如數算已經擁有但從來沒有仔細覺察的幸福點數，過一個「加法的人生」。只要抱著積極正向的態度，珍惜感受到你所擁有的一切，便已經足夠了。

出生在澳洲無手無腳的尼克（Nick Vujicic），他的故事感動無數人。做為一個一生下來便有嚴重身體殘缺的人，他也曾有過沮喪、抱怨、憤恨、自憐自艾的痛苦掙扎，但最後從宗教信仰裡獲得重生的勇氣，在全世界各地巡迴演講，開導鼓舞了千千萬萬也曾經在黑暗角落裡徘徊走不出去的失意人。與尼克相比，他們的挫折、困難顯得如此毫不起眼。當我們眼見別人遭受到生命中更深沉的苦難，且還能戰勝克服命運的摧折，才能體會到自己其實已經很幸運了。

著有《御風而上》等多本暢銷書的亞都飯店總裁嚴長壽先生在《做自己與別人生命中的天使》一書中，寫了一篇感人的故事。

一位九二一地震災區母親在歷經千辛萬苦重新建立家園後，卻又不幸遭遇桃芝風災的打擊，一夕之間所有心血化為烏有，她看見先生站在傾倒的屋舍後院獨自一人默默地掉眼淚，不知道該如何安慰他，於是寫了一封信給嚴長壽希望能給她先生一些鼓勵。

她在信上寫著，在聽了嚴先生的演講後，想去書店買一本他的書，手在口袋裡掙扎許久，因為那錢是一家人的生活費。這位太太一次次走進書店，然後離開，最後靠著每日省下的一點點菜錢，終於買下了書。後來當媒體報導某家百貨公司門口，一群民眾為了搶購名牌包包而打架、甚至送醫的新聞，他便想起曾有一位母親面對殘破家園，在生活糧食與精神糧食之間，躊躇又徘徊的身影……。

這兩種畫面充滿了諷諭，往往我們想要的遠遠超過我們所需要的。其實幸福與否是心內的主觀感受，只要我們懷抱感恩的心情，以「加法」數

算已經擁有的東西，用樂觀豁達的態度笑看他人與自身的成功或者失敗，
就會覺得人生還是充滿了如燦爛陽光般的無窮希望。

做白日夢的權利

夏日悶熱的午後，坐在家中客廳沙發上，望著外頭藍天白雲出神，正是所謂的標準發白日夢狀態，突然覺得，能夠這樣隨心所欲發發呆、讓腦袋放空，享受片刻的寧靜，也是一種幸福。想到學校老師跟我抱怨兒子上課不專心、day-dreaming時那副氣急敗壞神色，可以想見當時兒子肯定是遭受一番責罵、喝止。可憐的孩子，連做白日夢的權利都沒有，讓人不禁思考現今教育體制對孩童所帶來的有形及無形影響。

一個小孩，從進入學校教育體系，便開始了他漫長的十幾二十年求學生涯，在這段期間，他被要求過群體生活，固定的時間起床，上學、放學，不管個體差異性如何，都被授與相同程度的課業，也不論個人興趣

為何，一律教授同樣的科目，「有教無類」的理想實踐後成了「教了無類」，每個學生等同性愈來愈高，有許多不適合此種學校教育方式的孩子，在適應的過程中可能逐漸失去原來天賦才能的光芒。愛迪生如果不是有一位堅持走自己路、對孩子對自身具有充分信心的媽媽，恐怕也成了被視為白癡、異端、一事無成的普通人。

教育啟發智識，同時也讓人喪失獨特性。想想看，孩子與我們一樣，有情緒高低起伏，每日的身心狀況也都不同，但在一定時間內便被要求做所謂必須要做的事，絲毫不能推託拒絕，不能想要去野餐便去野餐，想要看藍天白雲便騎著單車呼嘯上山，因為必須要上學校、要做作業，上學成了凌駕生活所有一切最至高無上最重要的東西，重要到甚至連生病請假都要在出席成績上遭到扣分而影響學習排名。古人十年寒窗苦讀無人問，一舉成名天下知，也只需要十年光陰便能學成；在現代，從幼兒園開始算，十年也只不過國中畢業，一個國中畢業生能做什麼？能在出社會後自食其力養得活自己嗎？

我們從孩子三歲送進托兒所，到大學研究所畢業，長達二十餘年時間，幾乎占據人生三分之一光陰，花這麼長時間學習，所學到的東西很多卻在後來的日子裡一點也派不上用場。一位文學家說，他求學時複雜的微積分幾乎要令他抓狂甚至放棄自己，幸好他沒這麼做，否則我們社會便少了一位優秀的文藝創作者。

一個成績不好的小孩從小便被貼上標籤，不會讀書、功課做不好，將來大概也不會有多大出息。被編到後段班的孩子，其所遭受到的歧視、挫折、冷落及種種不合理待遇，正是凸顯了當今教育體制的諸多弊病。在學歷掛帥的社會中，每個人的身分、價值都依據學歷而劃分，中學畢業生從事什麼樣的行業、拿多少薪資，大學畢業生能賺取多少金錢，研究所、博士生又是什麼身價，就像菜市場標價出售的貨品，都有公定的價碼，身為人的價值經常矮化為表象的、膚淺的、虛榮的一紙學歷。

臺灣曾做過一項調查，發現在大學錄取率節節高升下，面對新世代高學歷的壓力，竟有近五分之一的五年級生動過想購買假學歷的念頭，這些

五年級生擁有豐厚的職場經歷及優秀的工作能力，但仍希望自己的學歷能夠更顯赫、更耀眼點，這就是我們這個社會過分強調學歷不重視個體品質、真正實力表現的後果。

在美國，有所謂的Home Schooling（在家教學制度），家長可以選擇不帶子女入學，留在家中親自授課，它的好處是，可以量身訂做教育計畫，發揮長處、補強短處，針對個人時間表及興趣設計課程，在家上學的孩子大都能順性發展有很優秀的表現。美國每年舉辦的科學、地理測驗比賽，好多年都是由Home Schoolers（在家自修者）奪冠。雖然在家上學有許多好處，但不是每個家庭都有這樣的條件與能力執行，只能屬於少數人為應變現今教育制度缺陷所做的改良自修模式。

其實，哪裡有那麼多的知識要學習，在資訊瞬息萬變的今日，很多在校學到的知識出了校門後便英雄無用武之地，那些從前我們辛苦熬夜硬塞在腦子裡的東西證明了在往後日子裡根本毫無用處。在日常生活中誰用得上三角函數、微積分？誰還記得從上海到寧夏要經過的鐵路名稱、沿途特產？還有那些物理、化學、三民主義……。我們的教育似乎要將從古至今所累積的知識一股腦兒全教給孩子，把他們當全才培養，殊不知很多特殊天才就埋沒在如此的全才教育洪流裡，喪失了天賦的才華，實在非常可惜。

注重智識、技能的傳授，卻忽略了人本、生活教育，是現今教育最失敗的地方。既然知識永遠學習不完，學校的目的應該要教導孩子如何具備追求、找尋、運用知識、資訊的能力，教授他們人與大自然的關係，如何與地球環境和平共處，如何欣賞前人留下的音樂、文學、繪畫、藝術等智慧結晶，如何好好地過日子，照顧自己、關懷別人。我發現，美國公立學校生活教育根本付諸闕如，要是有機會到學校參觀孩子吃午餐的情形，恐怕會嚇一大跳，兩手髒兮兮抓了漢堡便往嘴巴裡塞，餐廳桌椅不夠，一大群小孩坐在草地上或水泥地上便吃將起來，隨便扒兩口，也不管盤子裡食物還有多少，一律倒進垃圾桶，然後飛奔到操場玩耍，老師全然放任不予管教，進食的餐桌禮儀、衛生習慣、愛惜食物的觀念……，種種重要的生

活教養完全忽略。

所謂人在江湖，身不由己，要在現代社會生存，就無可奈何必須依照它的遊戲規則進行，因為我們不可能躲到深山離群索居，過著自給自足的生活，所以必然地要投入社會、教育體系所架設起來的階梯，為自己找到一個定位。父母親可以做的是，不要再給孩子太多的壓力，盡量減少、舒緩他們來自學校的挫折感，天生我材必有用，只要家庭有正確的道德教育、緊密的親子關係，孩子是一個品行、人格健康、樂觀進取的人，將來必定有他的出路。

孩子在外頭已經沒有了做白日夢的權利，就讓他在家裡頭放輕鬆點，享受快樂的童年、成長時光，偶爾發發呆、啥事不想也不做，可也是一種愉悅的難得人生體驗呢！

另類石頭記

學校科學課要做一份有關石頭的報告，三個小朋友一組，從收集石頭、寫分析研究到設計製作海報板，小蘿蔔頭似乎做得有聲有色。

當報告完成之後，有天小兒子很苦惱地告訴我：「我很喜歡我們製作的海報板，可是我們有三個小朋友，該怎麼辦？誰能keep呢？M說如果海報板不給他，就要把黏在上面的石頭帶回家！」這倒是個難題，三個人一起分工合作完成的作品，做完之後要交給誰保存，對這些小孩來說的確是一個大問題。「你可以跟M溝通啊，帶東西去送他跟他做交換嘛！」我想了想給他提出建議。討論後兒子決定要帶幾顆他收藏的琥珀化石給喜愛石頭的M同學，這些琥珀化石中間還困有數萬年前的小昆蟲，對小朋

友來說很新奇。

第二天，他興高采烈將化石帶到學校，回家後很開心說：“Deal!（完成交易囉！）”我以為事情應該這樣就結束了吧，沒想到過了幾天，他放學時愁眉苦臉地說：「M說我的琥珀化石是假的，他不要！」我說：「怎麼可能是假的？這些化石雖然不是很貴，但是買的時候都有認證，絕不可能是假的！」他的同學拿火去燒這幾顆化石，認為硬度與網路上搜尋來的資料不符合，原本完整的石頭現在卻被火燒裂了好幾個洞，我有點不太開心，小兒子趕緊說：「M有說他很抱歉要補償我啦！」他一向耳朵軟，人云亦云，連反駁都沒反駁，二話不說便將石頭帶回家。

接下來，這位似乎非贏得海報不可的小人開始翻箱倒櫃，「你在找什麼啊？」「M說他喜歡水晶，而且要那種沒有修飾磨製過的原始石頭，然後不能是白色、橘色或黃色。」他的同學又出了一個新的挑戰！找尋了半天，突然想起幾年前向琉璃光購買了一袋晶礦石，是具有能量能夠改善磁場的水晶礦石，幸好老媽我還有此收藏，趕緊把它找出來，撿拾了幾顆放在小三明治袋裡，「這個你要收好喔，不能搞丟了，挑剩下的再帶回來，知道嗎？」我殷殷告誡了一番，便讓他第二天帶去學校。

沒想到墨菲定律真是靈驗，不想它發生的事，就偏偏發生了。那位M同學拿到晶礦石後在課堂中間秀給旁邊的小朋友看，當場被老師逮個正著，遭到沒收的命運。事後聽老師描述，兒子一看好不容易交換來的deal這下又出現變數，也不知道該如何向我交代，在課堂上忍不住悲從中來，眼淚撲簌簌往下掉。雖然老師跟他講錯不在他，他已經完成了承諾的事情將石頭交給了M，現在被沒收是M自己要承擔後果，與他無關。然而善良的小兒子，不願見到同學失望的模樣，下課後又從袋中將M沒有挑走剩下的幾顆礦石送給了他。

老師之後將沒收的石頭還給我，但我沒讓兒子知道，就讓他愧疚一陣子吧！看看這一場風波都是那小小幾顆石頭所引起的，彷彿一齣現代版的另類「石頭記」。至於兒子念茲在茲勢在必得的海報板得留到學校成果展覽日才會亮相，真是讓我們充滿期待呢！

歡樂歷史探險

數年前大哥從臺灣寄來一整套《歡樂三國志》CD，從收到的第一天開始，兩個小兄弟就深深愛上了這個以幽默詼諧方式所呈現的兩千年前發生於中國土地上的一連串精彩歷史故事。

每次出門上車就是我們的《三國演義》時間，從桃園三結義、溫酒斬華雄、關羽過五關斬六將，到草船借箭、孔明借東風，曹魏蜀漢、東吳三國鼎力，至最後英雄一個個凋零逝去，結束了風起雲湧、大江東去浪滔盡千古風流人物的時代。

說故事的侯文詠與蔡康永兩人一搭一唱，用嬉笑怒罵及淺白有趣的內容，生動地講述這段中國歷史上亂世群雄並起的事蹟，裡面連傳真機、記者會、八卦雜誌、地球儀都出現了，聽得小傢伙笑不可遏。剛開始，老大因為不太熟悉國語詞的許多用語，問題不斷，當時很懷疑他們究竟能吸收多少，可是漸漸地發現，他問的問題及發表的意見從張飛為什麼張著眼睛睡覺，到歸納劉備、關羽、張飛、曹操、諸葛亮死因及先後順序，竟然毫不含糊，顯示理解能力突飛猛進，還忿忿不平地為諸葛亮抱屈：「都是那個劉阿斗貪玩才害諸葛亮累死，他應該改名叫『劉懶爛』，又懶又爛！」

當時弟弟尚屬懵懂未知年紀，只會跟著傻笑搖旗吶喊，聽到諸如「董卓的牛排飛到呂布臉上」這類笑話最樂了，不斷複誦。成天到晚問我：「劉備是不是病死了啊？是不是跟曹操一樣都死了？」往往從外頭回來車子都開進車庫了，兩個小人還不肯下車，非要把故事段落聽完才肯罷休。

有次他半夜做夢，竟然聲嘶力竭喊著：「我要聽《三國演義》，我要聽《三國演義》……，嗚嗚……。」哭聲震天把全家人都吵醒，真是日有所思夜有所夢的最佳註解。

羅貫中寫的《三國演義》可以說是家喻戶曉的歷史小說，記述從東漢

黃巾賊作亂到司馬炎統一天下結束紛亂為止，除了歷史情節外，裡面還包含了許多謀略、計策、人生哲理、世事的洞悉等，處處充滿了智慧與機趣，是了解中國思想與歷史轉變的一大好書。胡適曾讚頌此書是一部絕好的通俗歷史書，無數人從書中得到了許多常識與做人處世本領，在幾千年的通俗教育上，沒有一部比得上它的魔力。

想想看這些叱吒風雲人物的悲歡生死輾轉流連，他們的家國憂患情愛糾葛，豪氣萬丈的英雄氣節到小兒女的繾綣纏綿，他們的一顰一笑、一怒一惱……，透過文字的書寫穿越數千年的時空來到眼下，依舊帶給我們深深的震撼與感嘆，這些鮮明的人物與故事彷彿並沒有逝去而永遠地活了下來。想想看，在距離近兩千年之後的現今、數千哩之遙的異國，有兩個ABC孩子因為聽了關羽一邊割骨刨毒一邊神色自若喝酒下棋的英勇姿態而目瞪口呆視為千古神人，為華陀如何被曹操害死、遺留的珍貴醫書燒為灰燼，使中國醫學倒退千年而大嘆可惜。老大有次問我：「要是華陀沒有被害死，現在的Chinese Medicine（中醫）是不是就會很棒？」我很難告訴他為什麼中國歷史上有才華、有智慧的人，最後的下場都不怎麼好，使這個號稱五千年文明古國始終苦難不斷，無法於世界舞台上揚眉吐氣。

亂石崩雲，驚濤裂岸，三國時代的確是一個豪傑馳騁風騷的偉大世代，透過這樣有趣的說故事方式呈現出來，不僅讓對中華文化、中國事物一無所知的孩子有了一窺堂奧的機會，激發他們對於千百年前歷史的興趣，同時還能增進中文聽說能力，雖然許多比較複雜的情節他們還是無法理解，但只要每天聽到他們左一聲曹操、劉備，右一句關羽、孔明，心裡不免仍有幾分竊喜，不管他們能聽得懂多少，至少親子之間又多了共通的話題，能夠隨著故事的發展回到那個羽扇綸巾、談笑間檣櫓灰飛煙滅的時空，一起經歷一場精彩刺激，有歡笑、有落寞，既狂又悲的歷史探險。

被判出局的孩子

朋友的孩子去年升上國中一年級，就讀的是臺北市競爭力屬一屬二的名校，平日課業繁重，同學之間競爭激烈。由於這個孩子生性害羞內向，成績經常敬陪末座，每次分組進行討論或做報告時，都成為被踢皮球的對象，讓他自信心大受傷害。功課不好加上社交上的孤立，又沒有老師適當地介入輔導，一整年下來，身心崩潰，開始抗拒上學。

原本朋友以為將孩子轉學，換一個升學壓力沒那麼大的環境，應該就可以改善，沒想到，情況比預期地嚴重，心理醫師告訴她：「讓孩子暫時休學吧，將壓力來源阻斷，避免持續地刺激，才能有機會復原；否則回到學校繼續上課，只會雪上加霜，嚴重的話，甚至會毀了孩子。」

這個小孩從小沉默內向，雖不善交際言詞，但文靜乖巧，是一個好孩子。沒想到升學壓力卻重重擊垮了他。現在，他把自己封閉起來，拒絕與外界溝通，父母親內心焦急萬分。

我不知道那所升學率頂尖的中學究竟是如何教育孩子，但在升學至上的整體大環境中，以成績定位一個學生的現象普遍存在，所謂的成績又只是非常狹隘的重點科目，完全偏重智育的發展，家長、老師只在乎分數、名次。一個在學業上得不到肯定的孩子，很容易便被學校放棄，或是被貼上「壞學生」標籤，甚至開始自暴自棄，原本有無限可能的前景，卻早早便被判了死路一條，這真是教育的最大悲哀。

朋友的孩子是這場競賽中的犧牲者，小學時便越區就讀，每天花半個小時坐公車到一所以雙語教學著稱的學校上課。我相信他的不適應早在之前便已顯現，不是升上國中後突然崩潰，身心症狀的產生應該有跡可尋，只是忙碌的父母與老師都沒有察覺，以至於每況愈下，最終只能以休學做為解決問題的手段。

無獨有偶的是，不只是臺灣升學主義掛帥，連老美近年來都受到影響，可能因為中國崛起的震撼及亞洲移民的湧入，前些時洛杉磯有幾所高中以成績排名派發不同顏色學生證，想以此激勵學生用功讀書。不料此舉卻遭來家長與社區的反對，認為是一種歧視，督促學校改變政策，對學生一視同仁，不要再以「成績」決定證件顏色。學校會不會接受建議不得而知，不過，這股分數導向的風氣卻已從亞洲悄悄吹向新大陸，從街頭巷尾林立的補習班便可一窺端倪。

我很同情那個孩子，這麼小的年紀便在這場嚴酷無情的比賽中被判了出局，在他未來成長路上不知會烙下多麼深的印痕。嚴長壽在《教育應該不一樣》書中說：「教育必須是為青年人照亮未來的探照燈，而非重複過去的後照鏡；教育不應是倒滿一壺水，而是點亮一根蠟燭。」

在我們澆熄孩子學習熱情前，是否要反思，我們種種美其名「為孩子好」的作為，究竟是在揠苗助長，還是能為他們點起照亮前路的光明？

下棋樂

老大小時候有陣子突然對西洋棋產生狂熱興趣，一天到晚找我們陪他下棋，為了培養他的嗜好兼且訓練他的專注思考能力，我開始留意起棋藝課的資訊，只是打聽了半天，連老美朋友都說只有在中學時期參加過學校的棋社，除此之外沒聽說過什麼棋藝班之類的東西。

後來上網去搜尋，發現在我們居住的小城居然還有一個西洋棋社，每個星期五晚上聚會切磋彼此棋藝。就是在這裡，認識了兒子的第一個西洋棋老師馬修先生。

馬修蓄了一臉絡腮鬍，長得高頭大馬，年紀很輕的時候便拿到「西洋棋大師」（chess master）的頭銜，頗有少年得志的自負味道。每個星期一

堂一對一的教學就此展開。

剛開始，兒子的下棋技巧突飛猛進，幾個月之間已顯露出大將之風，只是漸漸地，發現原本他那股對下棋的狂熱已不復見，棋藝毫無進展，面對按部就班的棋課及作業，顯得意興闌珊甚至排拒起來，下棋對他來說似乎不再是一件好玩的事，而成了不得不做的一門功課。

為了激發他的興趣，之間還安排了幾個孩子一同學習，希望能藉由與同儕友伴的互動對弈，增進上課的趣味性。又過了數個月，因為暑假緣故大家的時間配合不易，決定暫且休兵，歷時年餘大師指導的chess lesson便暫告一段落。

後來經由朋友介紹，轉到另一個西洋棋社的棋藝班，教授的老師並非大師級人物，因此收費大幅縮水，負擔減輕了，也沒有作業的壓力，下棋又恢復到原先純粹好玩、有趣的東西。雖然在這裡短期間內好像看不出什麼成果，兒子的下棋技巧原地踏步，粗心大意輕易失子的毛病依舊，然至少他能夠重拾下棋的樂趣，並且慢慢懂得了輸贏勝敗乃兵家常事的道理，不會再斤斤計較、耿耿於懷每一次的勝負，同時認識了許多志同道合的小朋友，達到「以棋會友」的目的。

有一次棋社舉辦春季西洋棋公開賽，依照程度分組進行比賽，經過十個禮拜數輪循環賽程的廝殺，老大竟然捧回來一座冠軍獎盃，讓我們瞠目結舌，他對自己的棋藝信心大增，兩個星期後再接再厲參加另一項小學者棋賽（Scholastic Chess Tournament）。這次比賽只有一天時間，五場賽程定江山，早上將他送去賽場，參賽的小朋友有如聯合國各種族裔皆有，老美、老中、印度裔、西班牙裔……，旁邊的父母神色嚴肅如臨大敵，看來比孩子還緊張。

到了傍晚成績揭曉，兒子以勝三場、平一場、輸一場的比數拿到了分組的第二名，這個表現已出乎我們意料，平日跟他下棋總是吊兒郎當，有時簡直毫無章法可言，錯誤漏洞百出，實在也沒抱什麼希望會捧回任何獎座，只當去觀摩棋藝增加臨場經驗，可能就因為在沒有心理負擔下反而能盡情發揮，激發出超水準演出。

記得在棋賽中場休息時，一位棋社的朋友為了孩子表現不如預期，臉色凝重訓斥他所犯下的錯誤，那個孩子哭喪著臉一副不知所措的模樣讓人不忍，為了緩和氣氛我安慰那位父親：「別那樣認真，只不過是一場棋賽嘛……。」誰知旁邊一位媽媽聽了立刻反駁：「不不不，這絕對不只是一場棋賽，這牽涉到孩子的紀律問題、是否認真學習全力以赴，父母絕對要嚴格要求他們，否則你一不在乎，他們更加無所謂……。」她洋洋灑灑足足講了五分鐘之久，大意是說孩子的表現來自於父母的緊迫盯人，在高標準下才能有滿意的成績。問題是，如此一來小孩的動機模糊了，參加比賽求取勝利只為滿足父母的期待與要求，在缺乏學習動能情形下，下棋是否能延續及還能否帶來樂趣，成了很大問號。

哥倫比亞大學（Columbia University）心理學教授德威克（Dr. Dweck）分析，學習動機有兩種：學習目標（learning goal）與表現目標（performance goal）。前者是打從心裡要讓自己更棒而產生學習動機，後者則是為了讓別人覺得自己很好，怕無法符合他人期待而學習。

在人生長跑競賽中，「學習目標導向」的人永遠較「表現目標導向」的人更清楚了解自己想要的是什麼，會為了有興趣的事物投入全副心力且不害怕挑戰；不像「表現目標導向」的人因為太在乎他人看法，往往為了別人奮鬥，一旦失去掌聲與焦點目光便喪失了學習動機，再也後繼無力。

為了讓孩子在學習的路上走得長遠，一時的威逼利誘只是揠苗助長，唯有真正培養他們的興趣及對自我的要求，是發自內心對知識的渴望、為了自我實現去努力、摸索，如此的學習態度才是一生受用不盡的寶藏，學習也才能永續不斷。

從貴族式到平民化教養

有次看到小兒子坐在書桌前很努力地在一張白紙上塗塗寫寫，我問他在忙什麼，他說正在安排這星期的時間表，包括每一天的課外活動、中文功課、閱讀、練琴、休息、打電動、吃晚餐、刷牙、洗澡、睡覺……。從星期一到星期天，洋洋灑灑，井然有序。我想想自己好像在高中要考大學那年暑假，才開始準備了一張溫習功課表，詳細列載了每一天早、午、晚預備讀的科目。這小子承襲了我且提前了十年的進程，真是令人刮目相看。

相對於小兒子的凡事要做計畫、並且按表操課過日子，老大便顯得渾渾噩噩，常常搞不清楚什麼時候該幹什麼事，大部分時間都沉浸在自我中心所築構起來的想像空間裡，過著山中無歲月不食人間煙火的日子。

兩個小朋友年齡相差五歲，因為個性的差異，及隨著經驗的累積摸索，這幾年在教養方式上不斷做變異調整，也逐漸領略出每個孩子都是獨一無二的靈魂，有屬於他們自己生命的方向與進程。

記得哥哥上幼兒園之前，在我們居住小城周遭的學校大概都已納入我的偵查搜索範圍，參觀了二十餘所大大小小學校，捧回一大疊資料，總覺得沒有一家完全符合我的標準與期待。最後選擇了一家由比佛利山學校退休的教師所創辦的小型兒童學習中心，這所學校收費昂貴，標榜的是智能學習的開發，所有活動皆以academic learning（學科學習）為重點，從四歲班開始每天便有三到四頁的功課，以不斷地書寫讓孩子熟悉文字的拼音與句子文法結構，在五歲幼兒園班便要求小朋友必須要閱讀簡單的故事書。

到了弟弟要進入幼兒園的時候，這所才踏入創辦第五年的小學校已經有了很長的waiting list（候補名單），但愈來愈擁擠的學習、遊戲環境及

完全以課業為主的教學方式，讓我最後決定捨棄這許多華人家長趨之若鶩想要擠入的學校，另外選擇了以注重孩童社交發展的教會幼兒園，學費只有當年哥哥讀的貴族學校的一半。在同樣的年紀，哥哥整天要練寫書寫成串的英文句子、計算數字加減法，弟弟卻在鍋碗瓢盆做餅乾蛋糕中度過兩年快樂的光陰。

雖然老大的學業超前許多，比弟弟要出色卓越，但進入公立學校後卻影響了他在班上的學習態度，因為老師所教授的都是他已經會的東西，因此頭兩年常常發生注意力不集中的情形。弟弟雖然沒有接受早期智能開發的震撼教育，上了小學後課業也從不需要我們操心，反而每次要做糕點時，他都自告奮勇當小助手幫忙，在生活上顯現出比哥哥更具彈性與樂在其中的能力。

養育第一個孩子時候，因為缺乏經驗，戰戰兢兢想提供自認為最好的給他，不自覺給自己與小孩很大的壓力。選擇課外才藝活動時，老大的鋼琴老師是一個小時收費六十元的名師；老二的鋼琴老師是一個鐘頭十八元還在上大學的學生教師；老大參加的是區域小聯盟棒球隊，每年制服註冊是一筆可觀費用；到了老二，打棒球，到社區育樂部門所舉辦的棒球隊，只要幾十元便打發了，同樣玩得很開心。

老大是貴族養育法，老二則走向平民化。很多哥哥小時候參加的課程，下棋比賽、運動營隊、在各個圖書館、博物館、城市育樂中心舉辦的活動中穿梭……，後來一一減少甚至停止。體會到過度密集趕場式的教養方式，不僅孩子沒有喘息空間，也讓大人累得疲於奔命。我們在養育孩子時，往往向外尋求，將他們送到各種才能訓練、潛能開發活動中想藉靠所謂的專家來代替我們形塑孩子，卻常常把自己與孩子忙累得沒有時間彼此好好面對面相處，享受優質的親子時光。

很多時候，父母只是想滿足兒時未能完成的夢想，或是對子女懷抱不實的期待，卻從來沒有考慮過是否合適孩子及他們真正的興趣。我見過很多家長，將孩子的時間填塞得毫無空隙，鋼琴、小提琴、繪畫、舞蹈、網球、游泳、英文寫作、演講辯論……，小孩從來沒有機會停下腳步，看看

藍天白雲，欣賞樹上的花朵、翩翩飛舞的蝴蝶，做做白日夢，好好與爸爸、媽媽促膝談心。如果我們不給孩子夢想的時間與空間，又如何養育出具備想像力與創造力的未來主人翁。

一百年前那對小兄弟，沒有電腦、沒有遊戲機、沒有網路，太無聊了跑到爸爸的車庫，東敲敲、西弄弄，玩著玩著就玩出了一架飛機飛上天。

記得有一次，我和兒子一起對著窗外的藍天發呆，看著遠處的白雲不斷變化形狀，並且以極緩慢的速度移動，我們靜默不語，只是專注於雲朵的飛翔旅程，從遠到近，從近再飄向遠方。偶爾發出幾句讚歎聲，感歎於大自然的浩瀚與奇妙。這看似平凡無奇的場景，卻是我認為與孩子交心的時刻。當子女長大後，父母回想起來，如果記憶中僅是一連串趕場奔波於各種活動的片斷，或是因焦慮壓力無法紓解帶來親子間劍拔弩張的爭執衝突場面，而沒有任何心靈互相交流的溫馨畫面，將會是很大的遺憾。

如今老大進入高中，我們沒有送他去任何的課後輔導班，在他的同儕中算是異類。因為人生有很多事情遠比功課好更重要，我希望他們將來能夠成為一個樂觀積極、懂得感恩付出、能為自己與他人帶來幸福快樂的人，所以我經常與他們分享社會上感人的事蹟，如前陣子一位臺灣司機拾金不昧，將相當於他開十個月計程車工資的錢毫不遲疑地送還給遺失錢包的乘客，還有那位將畢生所得奉獻出來幫助窮苦孩子的賣菜阿嬤，及許多匿名不求回報的慈善家……，將這些誠懇、正直、回饋社會的價值觀點點滴滴透過小人物的事蹟傳達給他們，並且鼓勵他們將壓歲錢及零用錢捐一部分出來成立一個 charity fund（慈善基金），隨時準備去幫助那些遭遇不幸的人。

兩個小兄弟，一個是按表操課喜歡規律的孩子，一個是天馬行空不受拘束，個性南轅北轍。我無法預知他們將來的人生，但期待他們能夠養成美好的人格特質，伴隨著他們迎接生命中的每一個挑戰。

一場通往無路的競逐

自從耶魯大學教授蔡美兒《虎媽的戰歌》一書出版後，裡頭所描述的對女兒高壓教養方式引起輿論一陣嘩然，掀起了西方與東方養兒育女的差異及優劣之爭。

跟朋友討論這位虎媽的教養故事時，大部分人都覺得不可思議，認為她完全忽略孩子的個別差異與資質，單方面把自己認為對的價值觀與教育觀念加諸在女兒身上，不准她們有play day，每門功課（除了體育與戲劇外）不只是要拿A還得是全班最優秀的，連出門旅行都得帶著樂器在旅館房間練習。這種種行為揭露了這位虎媽是一位非常具有競爭性的母親，她要她的孩子在各種競賽中名列前茅，不管要付出什麼樣威逼利誘的代價。然而並非每個孩子都能如此經得起鐵的震撼教育，並且完成母親所寄予的厚望。

前陣子在鄰近學區，一位十二歲小女生於臉書上留言，痛訴母親的嚴厲管教，讓她每天都生活在巨大壓力中，當學科成績沒有達到父母所要求的全A時，便痛苦地不知如何面對他們的責罵與失望的眼神。她並不只一次透露輕生的念頭，引起同儕的注意，最後由輔導老師介入，挽救了可能是一場父母親永遠無法承受的悲劇。

在這個華裔新移民不斷湧入的社區，課後補習班也如雨後春筍般滿街林立。兩個兒子所就讀的學校每到下課時間，街道旁便停滿了許多不同課輔班的接送專車，許多華裔孩子衝出教室，一溜煙便鑽入了小巴，繼續到所謂的「安親班」努力奮鬥。這其中除了父母親工作緣故，也有很多是因為家長希望孩子課業超前不要輸在起跑點上而送去的。

這些課後班的孩子到了週末，便要在各種才藝教室間趕場，鋼琴、小提琴、網球課、繪畫課、舞蹈班、英文作文、游泳班……，時間被壓縮地

幾乎沒有喘息的空間。老大小時候有一陣子著迷於西洋棋，我們幫他找了一個專門指導西洋棋的老師。有次這位老師問了一個問題：「我的每一個華裔學生都在學鋼琴，是因為你們中國人特別喜歡音樂嗎？」當時我不知道該怎麼回答他，中國人喜歡鋼琴也許是受了那句「學琴的孩子不會變壞」的廣告台詞所影響吧！同時絕大部分的家長逼迫孩子學琴考級參加比賽，為的就是將來申請大學時可以增加履歷自傳的可看性。有的小孩一旦通過最高級數的鑑定考後，從此便將鋼琴束之高閣。

我聽過一位小女生在考過音樂等級考試CM（Certificate of Merit）十級之後，便把證書拿給她的母親說：「這是為妳而拿的，我已經做到所有妳對我的要求，從今天開始，我再也不會去碰那架鋼琴了！」那位母親聽了以後心裡想必五味雜陳。

受了儒家士大夫觀念的深遠影響，華人向來極端注重子女的教育，而且從小積極培養，唯一的目標便是能夠申請到所謂一流的大學。所有課後班、音樂、體育、藝術課程的學習，全是以將來進入名校為考量。人生的目的壓縮成通過名牌大學窄門，似乎只要成功申請到好大學，便是燦爛前景的保證。一位父親告訴我，當兒子的許多同學都順利進入私立大學，而他卻只能去州大就讀時，雖然內心知道這並不代表什麼，卻也免不了興起一陣強烈的失落感，覺得好像自己的孩子比不上別人，只能當個普普通通的平凡人。

這股強大的學業導向之風及愈來愈激烈的大學申請競賽，使得這代的孩子面臨前所未有壓力。一部紀錄影片《通向無路的競逐》（*The Race to Nowhere*）最近如火如荼展開巡演上映，導演是一位從未掌鏡的母親，三年前當她的女兒在無數的考試課業掙扎中被診斷出罹患壓力所導致的疾病時，她便下定決心要改變這一切。影片訪問了醫生、心理學家、大學教授、教育學者及家長、學生們，共同來探討這一場把孩子推向不知通往何處的泥沼競賽。拍攝過程中，這位母親導演才發現原來有這麼多學生深陷沮喪、休學、作弊、自殺……等困境。

古人十年寒窗苦讀無人問，一舉成名天下知。如今十年教育如果從托

兒所幼兒園開始算起的話，卻只能從小學畢業。我們花費了人生泰半精華時間在教育上，頂著高學歷光環者滿街跑，臺灣據說碩士生已經突破百萬人之譜。然而高學歷或是名校畢業生就代表了較高的工作能力、較快樂的人生嗎？有位大陸的退休教師提出了「第十名狀元」現象，他發現在他所教育過的學生中，在社會上功成名就者都不是當初班上那些頂尖的資優生，反而是成績普遍中等的那群人。所以，會讀書並不是成功事業的保證，更何況所謂的「成功」也只是很世俗化的指標考量，並不能代表內心滿足幸福的程度。很多外界認為名利雙收的高成就者，其實過得並不快樂，只是在別人的掌聲與光環中過著踩在雲端上空虛地生活。

有人評論虎媽的教育方式只會養育出中規中矩活在框架內的知識分子，卻培養不出如微軟創辦人比爾．蓋茲（Bill Gates）與臉書發起者馬克．札可柏格（Mark Zuckerberg）這樣具備創意與前瞻性的人才，他們兩位都是哈佛的中輟生，卻都不約而同成為引領資訊世代風騷開創潮流的拓荒先驅。當然，英雄只是少數，大部分人都是平凡的無名之卒，然而只要

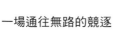

活得熱情、有活力、懂得知足感恩，能夠帶給自己與他人滿足快樂，就算是默默無聞的小人物，也能活出屬於自己的幸福天地。

《先知》（*The Prophet*）作者紀伯倫曾說，孩童出自父母卻不屬於父母，你可以給他們你的愛，卻非你的思想。因為他們的靈魂寓居在明日的住所中，而那是你所無法觀覽之處，甚至不在你的夢中。

孩子是一把生命的箭矢，藉由你的手射向遠方。拔弓射箭之時，請給予滿滿的祝福與愛，卻不要試圖控制他所將飛往的地方，因為每個靈魂都有其方向與路程，希望所有父母與孩子不要在這一場不知通往何處、混沌無路的競逐中遺失了曾經對彼此的信諾與愛。

彩虹的孩子

六年多前透過世界展望會助養了一個印度小女孩。當時不滿五歲的她，透過照片，可以看得出來，長得極端瘦小，黝黑的臉龐有著一雙深邃無邪的大眼睛。幾年中間，在聖誕卡片、歡慶生日、年度生活報告等書信往來中，我們間接參與了遠在萬哩之遙外一個小生命的成長。

兩個禮拜前，收到了她最近的生活狀況報告書，小冊子封面貼著一張她的近影，個頭明顯比以往長高許多，模樣也褪去了幼童的稚嫩青澀，有了幾許年齡增長後自覺甦醒的靦腆味道。她敍述著自己目前上課的情況，希望長大後能當一個教育孩子的老師，信上也用印度文寫著對我們的祝福。因為這項助養計畫，她能夠上學接受知識的洗禮，擺脫了父母文盲的宿命，生病可以得到良好醫療照顧，確保有足夠營養的食物及保暖衣服，同時全家居住環境也得到改善，不用過早暴露在貧窮對生活所帶來的負面衝擊中，可以快樂地像每個西方社會的孩子無憂無慮享受著珍貴的童年。我們微薄的付出，卻是這個生活在貧困印度村落小女孩健康幸福成長的依靠，這真是世界上最高最值得的投資報酬。看到照片中小女生臉龐綻放的天真笑靨，我深深地為這個小瑪麗蘭妮（Mary Rani）及她的家人感到歡喜！

想到家裡的兩兄弟，從小便生長在這個物資豐饒的兒童天堂，哪裡能想像小瑪麗所居住家鄉的落後貧窮程度，為了培養他們的愛心與同理心，每次收到遠渡重洋似乎還帶著些許乾草及異國泥土味道的書信與相片，便迫不及待拆開來與他們分享，並將瑪麗的照片珍而重之貼在哥哥房間書桌前的木頭布告板上，每天做功課一抬眼便能瞥見這印度小女生的影像，讓他知道因著我們微不足道的奉獻，遠方一個孩子因此能獲得許多對他們來講如同天方夜譚的待遇。這幾年，瑪麗從一個瘦弱的小幼童成長為健康可

愛的女孩，由隻字不識到現在會用印度文捎上她滿懷誠摯的祝福，與我們分享她最喜歡的遊戲、科目、學習進度、電視節目等生活近況，她的變化，不管是外表或內在，相信兩兄弟都看在眼裡。

去年她生日的時候，兩個小男孩在原本只設計夠裝一張小卡片的展望會信封內，塞進彩色圖畫貼紙、橡皮擦、小記事本、迷你蠟筆，把信封都快塞爆了。晉陞為teenage青少年行列的大兒子，向來對人類沒什麼熱情與愛心，但是對待小動物與小小孩卻充滿了罕見的悲憫與耐心，他曾經在臺北街頭揮汗如雨，來來回回將還不太會飛的麻雀幼鳥捕捉到安全的樹叢中，只為了擔心牠們在人車往來喧囂中逗留的安危。我希望他能將這份愛心拓展到朋友、同儕、相識與不相識的人身上，明白這個世界雖然充斥著許多不公義事蹟，但唯有相互體諒與扶持，將愛的種子散播出去，才能開出良善美麗的花朵，如佛法所說的「無緣大慈，同體大悲」的美好境界。

目前地球有超過十億貧窮人口，每天有四萬名兒童死於飢餓和營養不良，有無數如瑪麗蘭妮這樣的孩子，如果缺乏外界的援助，她（他）們的命運差不多一生下來便註定了與年長族人同樣地悲慘與黑暗，面臨了饑荒、貧瘠、惡劣的生活環境，能否順利長大成人都在未知之數。曾經在一段影片當中，看到一群落後村莊的小朋友，因為沒有錢蓋教室，老師蹲在樹蔭底下，拿著細竹竿把泥土地當作黑板在上頭寫字授課，圍在一旁的學生，赤著雙足的專注學習表情，與享受著冷氣、舒適課桌椅、精美教科書、筆記本、文具用品的已開發國家孩童相比，是多麼地神聖莊嚴，在如此惡劣學習環境下，他們熱誠的求知態度與樂天知足的豁達，真是令人動容。這些孩子需要幫助，來自外界的涓滴資助，都是他們改善生活品質的重要依靠。瑪麗所居住的偏僻農村「安佳納凡地」（Anganavadi）是一個座落於印度南方安達亞帕迪斯省（Andre Pradesh）的小村落，村中房子都是簡陋的泥土茅草屋，極端原始貧困。她的父母親與大部分村民靠著在這塊荒僻土地務農與勞動勉強糊口。現在，有了一連串的援助活動，村裡的婦女開始接受手工、縫紉的工藝訓練，有些人家養起了豬、牛、羊等經濟動物。小女孩在信上提到，村落裡建造了新的學校樓房，小朋友開始去上

學，今年有一百二十位村中婦女因為學習了縫紉與織布技能，大大舒緩家中生活困境。

瑪麗蘭妮的生日正好與小兒子相差十天，是春花燦爛時節誕生的孩子，因為同齡緣故，她的各個成長階段與兒子恰好是並行的，使我們更能深刻分享她每一分進步與蛻變。是的，先進國度的孩童是幸運的，他們不知道缺乏的痛苦，也不曉得資源的可貴，也從沒有機會被激發得到他人施捨幫助的感恩之心，我們無法刻意剝奪他們在此物質豐饒社會天生所享有的各種權利與機會，但卻可以教導他們什麼是分享、感恩，如何珍惜有限的資源愛護共同居住的地球，並行有餘力去關懷照顧並不那麼幸運的一群人。

馬可思・費斯德（Marcus Pfister）撰寫的童話書《彩虹魚》（*The Rainbow Fish*），裡面敘述著一隻有著多彩繽紛鱗片的魚，每次悠游在藍色汪洋中時，彩虹鱗片所閃耀的光芒讓周遭的小魚們羨慕極了，牠的魚朋友也希望能擁有那麼一小片亮麗炫目的鱗片，卻遭到彩虹魚的拒絕。驕傲又吝於付出友情的彩虹魚，很快地便失去了所有朋友，空有一身美麗耀眼外表的牠，成了海洋中一尾孤獨寂寞的小魚，身上的鱗片似乎也失去了原有光彩。後來牠去尋找居住在深海洞穴深具智慧的章魚，並聽從牠的建議，開始將絢彩鱗片一片片分享給每一隻魚朋友，直到身上只剩下唯一的一片。雖然牠不再是海洋中最美麗耀眼的彩虹魚，但牠的周遭包圍了所有帶著牠所給予絢爛鱗片的魚群，把藍色水域點綴得更加亮麗奪目，重新贏得友誼的彩虹魚體認到了分享的喜悅，感覺到了前所未有的快樂與歸屬感。

每個孩子都有一個彩虹的願望，他們的世界本該是繽紛多彩的，而這些願望藉靠的可能不只僅僅一隻彩虹魚，而是兩隻、三隻、無數隻樂意分享的彩虹魚，共同來成就每一隻小魚對多姿多彩生命憧憬的夢想。如果每個孩子身上都擁有那麼一片閃爍著獨一無二光芒的彩虹，展現出上天所賦予的才華與資質，我們便能夠創造出祥和美麗的新世界，在那裡，沒有貧乏，只有富足；沒有貪婪，只有無私；沒有痛苦，只有歡笑；沒有醜惡，

只有良善……，所有生命都將發光發熱，遠離黑暗與悲苦，活出如彩虹般色彩斑斕的熱情人生。

Chapter 3

快樂媽咪禪

你願意低頭嗎？

住家附近北邊有座小山，樹木濃蔭茂密，步道沿著山的坡度蜿蜒而上，沿途花草植物綠意盎然，是遠離城市喧囂進入大自然寧靜懷抱的絕佳去處。每次氣喘吁吁從山巔上走下總有股身心舒暢的快意，彷彿全身塵垢盡皆脫落，沐浴在飽滿的歡欣喜悅中。

這條步道爬了幾次之後，我發現，在路途中有幾次往上行走的坡段，恰好有樹木的枝幹從旁邊峭壁上橫直伸出，它的高度正好是在一般人的頭胸之處，要繼續往前行必得彎腰低頭才能順利通過，否則一定會撞得眼冒金星。所以，為了登高，一路上，就得行走、低頭，低頭、行走，然後在路的盡頭便可看見那道從天而洩的銀白色瀑布矗立著，挺直胸膛往前衝是

到不了美麗的山巔。

這個「低頭，才能到達目標」的體會很有意思，我們常常理直氣壯，不肯輕易低頭，也不願意委屈求全，殊不知很多人生的高度就是要在無數的低頭、放下身段之後才能抵達。誰擁有柔軟的身姿，順應情勢變化做出調整，誰才是最後的勝利者。

不想低頭、不肯放下、執著虛有就是我們生命中最大的障礙，有時候，拋開自尊、自我的偏執，退後一步轉換個方向，說不定前頭的路會更寬廣。清朝著名書畫家鄭板橋有句話：「聰明難，糊塗難，由聰明而轉入糊塗更難。放一著，退一步，當下心安，非圖後來福報也。」每個人都搶著做聰明人，沒人想當糊塗者，但是啊，最有福報的往往都不是那些精明能幹的聰明人，而是凡事不計較、安心過日子的傻人。不都說「傻人有傻福」嗎？真的是這樣，太過斤斤計較、凡事據理力爭，不願意吃一點虧的聰明人，到頭來總會發現：機關算盡總敵不過天意；隨順因緣，順應變化，不執著計較，具備柔軟心態，隨時能低頭、放下的傻子，才是最幸福的人。

自己從前個性固執、凡事據理力爭，不肯輕易退讓，只要道理站在自己這邊，便非得爭個是非對錯、高下立辨，然而卻因此造成他人的傷害而不自知。學佛之後，漸漸明白，世事並不像數學題目套入公式般輕易可解，也不一定是照著人情義理的規矩運行，執著於是非公道、對與錯之間，只是陷入與外界及他人對立的情境裡，平白製造了許多痛苦與煩惱。《道德經》上說：「天下之至柔，馳騁天下之至堅……。夫唯不爭，故天下莫能與之爭。」只有柔軟才能化解所有的差異、爭執對立，創造和諧圓滿的人生境界。

曾經有人問蘇格拉底（Socrates）：「你是天下最有學問的人，那麼天與地之間的高度是多少？」蘇格拉底毫不猶豫地說：「三呎！」那人聽了很不以為然：「我們每個人都有五呎高，天與地之間若只有三呎，那不是人人都能戳破穹蒼？」蘇格拉底不急不徐地回道：「所以說啊，凡是高度超過三呎的人，要長立天地之間，便要懂得低頭啊！」

退一步，海闊天空；低下頭，才能登向高處。大自然與所有未知的一切，無時無刻不在示現它高深的智慧。很喜歡一首偈語：「手把青秧插滿田，低頭便見水中天；心地清淨方為道，退步原來是向前。」

你願意也偶爾低下頭，看看那映照在水中澄澈的藍天嗎？

歡歡喜喜過一天

有次在趕回家的路上，前面有輛車子不斷地踩煞車，即便沒有紅綠燈、不是十字路口，前頭也沒有其他車輛擋道，駕駛卻三不五時便踩一下煞車，我只好也跟著走走停停，個性急躁的我忍不住開始在心裡ＯＳ：「這老兄會不會開車啊？」奇怪的是，他走的路徑竟然跟我一模一樣，想擺脫都擺脫不了。

後來轉進一條小路，在近距離之下才發現，他的車牌在左邊下面有個小小的藍色輪椅圖樣，這代表了車上的駕駛是個殘障者，頓時心中浮起一陣羞愧：「我怎麼這麼沒有耐心？還嫌人家開車技術不佳，真是慚愧啊！」從此以後，遇到有人超車、搶道、按喇叭或是如龜速般慢條斯理，

雖然無法即刻以平常心看待，但馬上會提醒自己：對方可能有重要事情趕時間，也可能是年紀大反應比較慢，要多一點體諒之心。

我們在日常生活中經常會碰到不盡如人意的狀況，但多一分體諒的心，就會減少許多怨懟與不滿。如果設身處地站在對方的立場看問題，會發現原來他也有苦處及為難的地方，許多嫌隙、煩惱便能夠避免。有一位長輩不諒解女兒久久才回家看她一次，而且每次都匆匆忙忙的，待不到幾個鐘頭便急著離開，時常向鄰居抱怨女兒不孝。過了半年多之後才曉得，女兒是因為生病又不想讓老人家操心，一直隱瞞著病情，既要忍受身體的痛處，又要擔心年邁母親對她的不諒解，心裡承受著雙重煎熬。那位長輩知道真相後，懊悔萬分，做為一個母親竟然感受不出女兒身心正在遭受的痛苦，只狹隘地站在自己的角度，認為女兒變了，再也不是從前那個乖巧孝順的孩子。

誤會解開後，那位長輩在與女兒最後相處的日子裡，更加倍珍惜，想把以前因為誤解所錯過的全彌補回來。

自己有時會對不順眼的人與事起惱怒之心，以前覺得這是路見不平仗義執言，道理站在自己這邊的時候便理直氣壯，據理力爭，咄咄逼人；現在才體悟所謂的「道理」會因價值觀、視物的角度立場之不同，以及相對利害關係，而有所差異。理直氣要和，用柔軟慈悲的心態處世，才能不傷人傷己，維持和諧快樂的人際關係。

當老公冷漠不耐煩、老婆嘮叨挑剔、小孩頂嘴鬧脾氣，或是超市店員沒好臉色、銀行櫃台小姐晚娘面孔，還是在馬路上開車趕著上班卻碰到前頭時速十五英哩的駕駛時，請先暫緩怒氣，想一想：也許對方也有一個tough day，不管是被上司刮鬍子、與同學鬧彆扭、和家人剛吵一架或是身體恰好不舒服，都有可能是造成他心情鬱悶、舉止失常的原因。如此轉念一想，心裡頭剛要冒出的怒火便能稍稍止息，從而避免一場不愉快的衝突。

如果早一些知道那位讓我起煩惱心的駕駛者是位殘障人士，我的心情便不會受到影響，會更有耐心去體諒對方，而不會有這一路上所醞釀的瞋

心。所以當站在他人的角度看待問題時，便能以比較寬容的心去轉化不滿與失望的情緒。

有句話說：「為他人減少煩惱是慈悲，為自己減少煩惱是智慧。」我們凡夫俗子不是在為他人製造煩惱，便是鑽牛角尖自尋煩惱，既欠缺慈悲心也缺乏智慧，難怪往往活得不痛快。如果能時刻以用慈悲心面對他人，用智慧處理日常生活遇到的每件事情，那麼不管是遇到喜歡或討厭的人，開心或麻煩的事，都能自在隨緣、歡歡喜喜度過每一天。

快樂頻道遊戲

一天早晨醒來，突然一個念頭閃過腦海：我們每天收聽廣播電台，有各種頻道可以選擇，如輕音樂、搖滾樂、重金屬、古典樂曲、鄉村歌曲……；那麼，心情，是不是也有各種不同的頻道可以選擇呢？

於是，那天早上，我決定要把自己的心調整到快樂的頻道，不管遇到什麼事情，都要以快樂頻道的心情去面對、解讀、處理。我把心想像成一部收音機，充滿了不同頻率，有易感的、憂愁的、敏銳的、樂觀的、悲傷的……，「快樂頻道」就設定在120.6兆赫頻率上，我想像真有那麼一個指針，不偏不倚微調到我要的數字頻道上，然後，全身的細胞、感情、思想也同時歸位到這個快樂頻率，以歡喜的磁場發射出充滿活力的能量，隨

時準備面對外界混亂的資訊與刺激。

一開始，這個法子還滿管用的，因為已經打定主意怎麼樣都要快樂，所以就算遇到一些不如意的小插曲，比如說塞車、孩子們吵鬧、粗魯的陌生人……，心情變得焦躁、不耐煩，好像收音機受到障礙物干擾，波頻不對了，出現噪音及其他頻道情緒的入侵，便趕緊提醒自己，重新把心調回到原先設定的快樂頻道，整理好心情去面對眼前的境界。當然，這麼做的時候，你要以全副的信心，相信身體的磁場、頻率真的在你的控制之下，調整到你所要的方位，唯有相信，才會產生所期待的效果。

許多事情或是境遇的轉化，都是藉靠信心，才能夠有效地達成。一位朋友的女兒因為準備申請大學的龐大壓力，每天都睡不好覺，他無計可施之下，一天拿了一顆黃色的藥丸，告訴女兒，把這顆藥丸吃了，便可以舒緩緊張的心情，好好睡上一覺。這個女孩子聽從父親的話，每天上床前乖乖地吞下那顆藥丸，從此之後，擺脫了睡不好覺的困擾，順利申請上理想的大學。後來，朋友才跟我們透露，那顆黃色的藥丸，哪裡是什麼安眠藥、鎮靜劑，或是任何助眠的藥物，只不過是一顆普普通通的維生素C，但因為女兒對他的信任，讓這顆小小的維他命產生了奇妙鎮定的效果，圓滿達成任務。可見得，信心是一種自我催眠的能量，一旦你相信了，奇蹟自然會發生。

日本一位Ikemi（池見）教授多年前做了一項實驗，以一群對漆樹敏感的中學生為研究對象。在實驗中，他將這些學生的眼睛矇住，然後用無毒的樹枝摩擦他們的手，但告訴他們那是漆樹，結果這些孩子手上都起了紅色的疹子，就像真的被漆樹枝碰到一般；接著，Ikemi教授在他們的另一隻手上用漆樹擦拭皮膚，卻告知是普通的樹枝，結果受測者皮膚沒有任何過敏反應。這個實驗證明，心念的力量真的能夠改變、左右生理的反應，達到科學無法解釋的驚人效果。

這個快樂頻道的遊戲，當然也會有失靈的時候。特別是在情緒週期低潮時，頻率怎麼調整都不對，總是偏向到負面的心緒上，易感脆弱的心發出強大的波能籠罩全身，讓你的快樂頻道根本無容身之處，這個時候，可

以藉助外來的能量刺激，重新tune up（調整頻率），如聆聽喜愛的音樂、與好朋友共進美食、靜坐冥想、到野外踏青、看場喜劇電影……，都能夠轉變心情，讓身心回歸到寧靜喜悅的狀態。宇宙間充滿了各種能量，如果能夠把身心調整到與這些正面能量相對應的頻率，接收來自大自然最純粹之能，便能減少煩惱，獲得健康平衡的身心。

除了快樂頻道之外，還有活力頻道、幸運頻道、感恩頻道、正念頻道、懺悔頻道、當下頻道……，種種頻道可供設定，比如說在找停車位的時候，可以把心念鎖定在幸運頻道，讓那種幸運到不行的輕鬆歡喜之情盈滿全身，在「心想事成」的定律下，往往很快便能找到停車的好位置。當感覺到自己欠缺柔軟心時，我會開始想像身體細胞正對準在感恩的頻率上，對每個見到的人都以謙卑感恩之心看待，時時刻刻提醒自己所設定的人體收音機波頻，並以全副的信念去執行，久而久之，便會發現意念能量的確存在，且其威力遠遠超過我們所能理解的範圍。

每個人因業力與習性的不同，福報也不一樣，身體與心理是處在相異的頻率與能量團，有些人就是很容易快樂，接收歡樂磁波的能力非常強，應該說他們的磁場天生就是接近在快樂頻道上，輕輕鬆鬆便能夠達到滿足愉悅的狀態；但對很多人來說，這些正面能量的頻率卻常常受到外在事物干擾，很容易失去對焦的功能，而接收到其他不好的負面訊息的影響。當發生人生困境的時候，樂觀的人以正向思考面對，不會被輕易打敗；悲觀消極的人卻總是看到事件的陰暗面，思考模式永遠是朝最壞的方向延伸。這牽涉到的不僅僅是性格問題，還有與生俱來的習性，但這不是無法改變的，只是顯示出偏離正面心緒頻道的程度，有人深，有人淺，如果配合後天有意識的訓練及堅持，還是能夠「走向正道」——如腦神經科學家吉兒・泰勒（Jill Bolte Taylor）博士所寫的《奇蹟》（*My Stroke of Insight-A Brain Scientist's Personal Journey*）一書中說的「stepping to the right」，讓身體從善於分析思考的左邊腦袋回歸到直覺與全知的右邊腦袋，只要下定決心有意識地選擇我們面對外界刺激的詮釋與回應方式，重新活絡快樂思想模式迴路，即能在片刻間拾得自在安詳的心境。

這個頻道遊戲以及禪修、規律的運動、享受美食、與開朗的朋友為伍、固定做自己喜愛的活動……，都是一種方法，讓生活過得更快樂、身心更和諧，不僅自己得到利益，同時也讓周遭的人感受到幸福的氛圍，最重要的是，只要你想做隨時都可以進行。但記住，不管用什麼方法，它的效果將會以你所相信它的程度呈現出來，西方人說：“It'll only work when you believe in it.（只有相信它才會產生效果）”所以，永遠不要低估信仰的力量，「相信」本身，就已經是邁向成功之路的宣示了！

做你自己

最近有篇文章在臉書及推特上頻頻被轉載，是一位安寧病房的護士所寫的，她因為專門照顧臨終病人，所以常有機會傾聽這些病人的心聲，她歸納出大部分人一生中最感到後悔的事情是：希望當初有勇氣過自己想要過的日子，而不是別人所期望他們過的生活。

當人面臨生命的盡頭，回顧自己一生，總有一些懊憾，包括沒有實踐的理想、錯過與家人朋友相處的時光、希望能夠更率性自在地表達感受、誠實面對自己的情感……，這之中，最大的遺憾便是，大多數的人總是活在別人的期待裡，如果人生能夠從頭再來過，希望能更有自信與勇氣選擇真正想要走的路途。

這位安寧病房護士所寫的文章，讓我想起周遭許多人都是從小按照著父母所安排的學業計畫與社會價值觀過日子，大學系所的選擇、職業與生涯規畫，都像是已經安裝好軟體的電腦一步步執行，很多人過了大半輩子還不曉得自己的興趣與天分究竟在哪裡，每天在別人設下的框架中過著茫茫然不快樂的生活。

有一年回臺灣，帶母親去看病，我們在診療室外等候了兩個多小時，終於見到了號稱是該領域權威的醫生，母親的輪椅在狹小的候診間東挪西移進到診療室，前後不過三十秒，醫生已經不耐煩地抱怨：「拜託你們不要浪費大家的時間！」而當我嘗試要向他解說母親的病情時，卻遭他粗魯地打斷：「病歷上都有，我會看。」他的態度冷峻又無情，絲毫沒有體恤病人的同理心，我們對他的期望一下從雲端跌到谷底，一個缺乏慈悲心的醫生，即便技術與專業知識再高超優秀，又有何用？我想，這位醫生從小到大一定都是名列前茅的模範生，一路從第一志願高中、第一志願醫學系到專業領域的權威，身上戴滿了許多的光環與榮耀，但他真的適合做醫生？喜歡他的工作、覺得生活快樂嗎？很多臺灣醫生之所以會選擇這個職業，通常都是因為父母家人的期許，自己本身是否對醫學充滿了熱情、具有悲天憫人性格，能以無比愛心、耐心對待求診的病患，恐怕是很大的問號。

所以，我們才會經常看到不快樂、鬱悶的醫生，有可能他的天賦才能與興趣根本不在此。

前陣子聽聞朋友的女兒在名校畢業多年後，原本理工科出身的她，發覺自己真正的興趣在烹飪，於是又重回學校修習餐飲，並到餐廳中從小助理做起。這位年輕的姑娘擺脫了名校畢業生的束縛，勇敢追尋自己的夢想，這份勇氣值得佩服！我們有多少人能夠真正面對自己的理想，拋開所有世俗眼光與評斷，努力自信地去逐夢？股神華倫・巴菲特（Warren Buffett）在寫給兒子的信中說了一句話：「最快樂的人，即最能和自己的生活步調和諧一致的人，並最能認清和積極實現夢想。」他的兒子彼得・巴菲特（Peter Buffett）大學讀了三年便休學，沒有繼承父親華爾街股神衣

缽，走向音樂創作的路，憑著父親「人生得靠自己打造」的處世哲學，在音樂界闖下了一片天。他寫了一本書《做你自己：股神巴菲特送給兒子的人生禮物》（*Life Is What You Make It*）詳細敘述了自己與父親的人生故事，他認為父親送給他最好的禮物便是——做你自己。

當大家都忙著為孩子找補習班、才藝課，拚命要擠入名校的同時，有沒有想過孩子們的天賦與真正興趣所在？適情適所，能找到自己人生方向的人，才能投注無比熱情如焰火般發光發熱。自己從小求學之路平步青雲，上大學填志願老師要求按照錄取分數排行系所填寫，結果「一不小心」考到最高分上了第一志願，讀了一年，發覺自己對心靈探索的東西很有興趣，還跑去心理系修課，動了轉系的念頭，結果遭到所有親朋好友一致反對，每個人的意見都是：「妳讀的是第一志願，別人想進都進不來，哪還有人要轉出去？」於是一蹉跎，所學的和後來所從事的工作南轅北轍，算是浪費了國家栽培的資源。不過，幸運的是最後還是找著了最適合自己的一條路。如果時光能夠倒流，希望多點勇氣早一些選擇自己真正想追求的，而非別人眼中應該走的坦途。

相信很多人都有類似的感慨，在人生道路上，面臨抉擇時，不管是讀書、就業、擇偶……，我們常常忽略內心裡那個微小的聲音，害怕做真正的自己，總是屈服於世俗的價值觀、他人的想法或是這樣那樣的考量，就缺那麼一丁點堅持及不妥協的信心，在社會主流聲音如此喧囂龐大下，要堅持傾聽內在、千山萬水獨行，的確不容易做到。如果你現在正站在人生的十字路口上，請找一個寂靜的夜晚，將心沉澱下來，與內心裡的那個你，好好獨自相處，拋開所有外在的干擾（包括有形的環境與無形的思索），展開對話，聽聽看「他／她」想要的是什麼，然後再做最貼近靈魂渴望的決定，勇敢做自己，熱情追逐夢想。

抱持感念的心

時時抱著感念的心，在生活裡處處可見溫暖與開懷的事。

有次到以販賣有機商品著稱的一家超市採買東西，結帳回到家後才發現：有一罐防曬乳液不見了。想了半天，可能是遺留在店裡的推車上，只好又跑一趟回去找。

當時在開車去超市的路上，是不抱什麼希望的，「忘在推車的乳液恐怕早被後來者暗槓去了吧！」我心裡想。但因單價不便宜，還是抱著試一試的心理去詢問看看。

我把收據帶上，一進店門口便往消費者服務櫃台走，有一位先生在櫃台後方很禮貌地問我：「有什麼能為妳幫上忙的嗎？」「不好意思，大約二十分鐘前我將一瓶防曬乳液忘在推車上，想來問問看，是不是有人撿到送來給你們？」我說話盡量輕聲細語，語氣誠懇又帶點無奈。沒想到這位先生連看都沒看我的收據便說：「沒問題！您再去拿一罐就好了！」

「啊?!」我當下還有點沒會過意，正想問他需不需要看一下我的收據，這位年輕的服務員便已轉身走開。於是，我走到皮膚保養品區，在架上拿了一罐一模一樣的防曬乳液，走到此刻空無一人的服務櫃台前，心裡想：「我就這樣走出去嗎？會不會被當成小偷啊？」想到無處不在的監視攝影機，如果被拍到我拿了商品沒經過結帳便離開，屆時還得大費周章解釋，那多麻煩。於是我攔住一位正經過我身邊的女工作人員，向她說明始末，並揚揚手中的那瓶乳液，沒想到這位小姐也沒要求我出示收據，只是微笑地揮揮手："Ok, no problem!"於是我手上拿著價格不算便宜的一瓶防曬乳液，在沒有人問我要任何購買證明的情況下，輕輕鬆鬆達成任務離開商店。

當我步出店門口，一股愉悅的心情洋溢心中，開心的不僅是遺失的東

西失而復得，更是那份受尊重、信任的感覺。那些店員大可以「沒有失物招領」頂多加聲抱歉回答我；況且把商品遺忘在推車裡是我自己的疏失，商店不需負任何責任，他們願意賠償已經出乎意料之外，竟然連收據都不要，對一個素不相識的陌生消費者百分之百的信任，讓人由衷感到窩心。

也許有人會認為這是件小事，沒什麼值得特別書寫，但是生活就是由這些大大小小的事情所串連起來，如果能對每一件小事抱持感恩、歡喜的心態，即便只是區區美金數元，都能讓人感受到背後那股人性溫暖的信賴。

每天晚上睡前，我會拿出「感恩日記」，記錄當天所發生值得感恩的人、事、物。朋友親手做的美食，超市收銀員的燦爛笑容，變化無窮的藍天白雲，風和日麗的天氣，街道旁恣意綻放的繽紛花朵，每一件發生的好事，每一個遇見的可愛的人，眼睛所能見的每一個美好剎那……，能感恩的事數算不完。有時，實在想不起當天有什麼特別發生的事，那就感恩雙腳能夠行走，雙眼能看見，嘴巴能夠說話、品嘗食物，快快樂樂出門、平平安安回家……。培養感恩的習慣，便不會對任何事物覺得理所當然，能夠順利找到停車位，要感恩；路程中紅燈特別少，要感恩；陌生人和善的招呼，感恩；和好友歡樂相聚，感恩；家人每晚都能平安回家一起共度，更要感恩。

當你把焦點集中在尋思值得感恩的人、事、物上，自然會忽略生活中其他讓你懊惱煩心的部分，心將會愈來愈柔軟。因為你知道，沒有一件事是超脫於因緣之外而發生的，無論如何，都要抱持感念之心，以更豁達的心面對每一個當下時刻。

古印度哲理中有些教導深具啟發：

1. 無論你遇見誰，他都是對的人。

沒有一個人是偶然進入我們的生命中，每個相遇、和我們有因緣互動的人，都有其意義。或許是要教會我們什麼，或許是要協助我們改善眼前的一個情況。

2.無論發生什麼事，那都是唯一會發生的事。

這世界上並不存在：「要是我當時作法不同……，可能就會有不一樣的結果……。」我們所經歷的事，不會以其它任何方式發生，即便是最不重要的細節。無論遭遇何種情況，都是當下因緣成熟所觸發唯一的情節，而且一定要那樣發生，才能讓我們學到人生的課程。生命中，我們經驗的每一種情境都是絕對完美的，即便它超越我們心智的理解。

3.不管事情開始於哪個時刻，都是對的時刻。

每一件事都正好是在對的時刻開始，不早也不晚。當我們準備好經歷生命中的新奇時刻，它就在那裡，隨時準備開始。

4.已經結束的，已經結束了。

當一段關係或一些事件結束了，它就是結束了，徹底離開我們的生命。當下發生時要用心享受體會，當它離去、結束時，便全然放下，繼續下一段人生歷程。

無論什麼人、事、物出現在你的生活中，以坦然的態度面對、承受，不執著；不懊悔、不埋怨，因為，它們都是上天最好的安排，只為讓你的生命進化到更美善的境界。所以，要為發生在身上所有的大小事情感恩，即便它外表所呈現的是艱難的考驗。抱持感念的心，每一天都是好日子！

別成為挑剔的人

我們時常陷在一種挑剔他人的習慣中而不自覺。

每個人因習慣的不同、觀念的差異、價值觀也不一樣，生活在一起，難免有時候會看對方不順眼，覺得怎麼會有這樣的行為，或是對方怎麼做都不符合內心的期待，遂產生許多不滿、嫌隙，久而久之，開始用放大鏡看待其所言所行，原本只是不經心的一句話、一個動作，看在眼裡，經過內心的反芻、負面心念的詮釋，演變成愈看愈可恨、愈想愈不甘心的怒火，嚴重影響彼此的相處關係。

有時碰到親朋好友向我訴苦，A抱怨某人如何如何；過幾天，可能換成那位某人跟我告狀A又怎樣怎樣，因為不明瞭其中的細節與恩恩怨怨，也很難給予持平的意見，只能讓他們把心中的不滿說出來，宣洩委屈的情緒。

當在挑剔對方的時候，其實我們是看不見自己的，一心一意就認為「為什麼他這麼可惡？」、「為什麼他總是笨手笨腳？」、「為什麼他如此欺人太甚？」……，內心裡有個chatter box，饒舌的對話，不斷反覆咀嚼細微的言詞、行為，而且總是往負面的方向鑽牛角尖，在這極具傷害性的內心黑暗對話之後，不視對方為眼中釘也很難。在被情緒沖昏頭的同時，我們都忽略了，自己可能也很可惡，可能也遠不符合對方的期望，可能也一副自認為有理勢必討個公道的霸王態度……。凡事都是互相的，朋友親人之間的相處更是如此，當我們懷著有色眼光看待這個世界，每一件事、每個人都染上了不純粹的色彩；挑剔，就是這樣一副有色鏡片，它讓我們看不見對方的好，只看見對方沒有做到我們所期許的、所設下的標準。

凡事求好心切的完美主義者更是挑剔的常客，他們無法容忍一丁點的錯誤、不完美，只記得百分之一的缺失，而忽略百分之九十九的成果，與

這樣的人共事是很痛苦的，因為你做得再好、再努力，他也許只瞧見不滿意之處，全盤抹煞其它所有的付出。

要注意的是，「挑剔」往往會變成一種習性而不自知，不論擺在眼前的東西是什麼，直覺的便對焦它的缺陷，開始挑剔其中的瑕疵、不完美，忽略它也有可愛、值得讚美的地方。如果能學著以不做評斷（judgement）的心態看待所有事情，就會避免失之偏頗的批判與不滿，如聖嚴法師說的：「看到了只是看到，聽到了只是聽到，而不產生好惡。因為心裡有了好惡的分別，就會有執著，喜愛的就想占有，討厭的就會排斥，患得患失，煩惱就來了。」

的確，我們可以選擇要用正面愉悅的心去對待境界，還是用負面痛苦的心去解讀外在，前者會帶來正向積極的果報，後者則會帶來憤怒傷心的後果。比這更高的層次是，讓自己的心如一面鏡子般，如實呈現所有外來的現象，不隨之起起落落、高低變幻，讓它自在來去，不留下任何痕跡，彷彿廣大的天空中雲朵自由飄動，無論是豔陽高照或烏雲密布，天空的本質永遠不變。

負面心態的人比較會淪為挑剔者，當發現挑剔已經成為一種慣性的模式，要趕緊轉變心態，以如實承受取代好惡評斷，用正面的角度看待所有人事物，當自己的心轉變了，周遭的人也會跟著改變。同時，不要存有「對方應該如何如何……。」的心理，當你不懷抱任何期望，如果對方滿足了你的要求，固然很好，就算沒有，也能夠坦然地接受。有一首詩偈說：「手把青秧插滿田，低頭便見水中天；心地清淨方為道，退步原來是向前。」凡事如果能以豁達大度的智慧面對，不斤斤計較、執著表象的得失成敗好壞輸贏，多看別人的優點，少見別人的缺憾，或許就能慢慢除卻挑剔的習性，成為一個「他非我不非，我非自有過」的知足感恩的人。

存善念做善事

如果能夠做義工、發願做善事，這份愛心將會如蝴蝶效應般擴及到所有相識、不相識的人，甚至在最後還會回歸到自己身上，而且心理實驗已經證明，當我們伸出援手幫助他人時，比較會遺忘自身所處困境，因為從別人的苦難中往往能夠找到激勵自己勇敢前行的力量。

在天冷的夜晚，如果你看到擺攤的老婆婆，或是沿街兜售零食的年輕人，能買就多買一些，如有餘力每月攢一些錢幫助貧困山區的小孩，想吃麵包便支持購買喜憨兒烘焙坊出品的糕點，到商店購買東西發票隨手捐出去，遇到天災人禍的受難者，以己所能慷慨捐獻，助人度過難關……，這些都是累積福德、舉手之勞的簡單善行。

登上美國《時代》雜誌二〇一〇年最具影響力百大人物的賣菜阿嬤陳樹菊，一天工作十九個小時，只吃一餐，唯一的娛樂是聽佛經，她把一點一滴賣菜的小錢積攢起來成為一大筆善款，慷慨地捐贈出去幫助偏遠地區的孩子受教育，改善貧困的生活。她對自己如此刻苦，對需要幫助的弱勢團體卻如此大方。最感人的是，她說她會一直賣菜捐款，直到活著的最後一天。當她獲選為百大人物時，我特別去買了當期《時代》雜誌回來，將她鄭重介紹給家裡兩個小男生，鼓勵他們以這位賣菜阿嬤為榜樣，發揮愛心幫助需要幫助的人。

家中如有穿不著的舊衣物便整理整理捐贈出去吧！自己穿不上的衣服捐出去給需要的人，一舉兩得，何樂而不為？我常定期出清家中舊物，有一次還發生被順手牽羊的烏龍事件。

那一次是美國慈善機構「救援任務組織」（Rescue Mission）打電話來，詢問有無任何衣物、家具、家用品等要捐獻，我花了半天時間整理出好幾袋小孩子已經穿不上的T恤、褲子、外套、鞋子等衣物，在大卡車

約好要來的那天放到郵筒旁邊，袋子上寫著大大的R.M.兩個字母，代表是要捐贈給Rescue Mission的東西。

後來出門辦事，隔了個把小時回家，發現原本六個袋子只剩下兩個，我下車檢查了一下，沒有發現Rescue Mission留下的收據。通常他們在取走捐獻物之後都會在郵箱放一張單據，做為抵稅用途，況且，也不可能遺漏兩袋沒拿走。

我立刻給他們打電話，將家裡地址告訴接線小姐：「請問你們的卡車來過了嗎？」那位小姐在電腦上查了一下，還特別給司機打電話：「沒有耶！我們司機先生說要再過一會兒才會到你們那附近。」Rescue Mission司機還沒來，袋子卻不翼而飛，只有一種可能：被人順手牽羊了！

當下心中不免有幾分怒氣，光天化日之下，車輛來來往往，小偷竟然明目張膽公然行竊，而且，還一口氣拿走衣物新穎的那幾袋，原本良善的美意就這樣給糟蹋了！電話那頭的接線小姐也很無奈，為了不讓司機白跑一趟，我又翻箱倒櫃再整理出兩袋衣物，放到靠近屋子前廊，這樣應該就不會再被暗槓去了吧！

事情過後，仔細回想，我把六個袋子「招蜂引蝶」地擱在郵筒邊，目標顯著，無疑是在向小偷招手，對方可能是開著車到處尋找獵物的慣竊，也可能是臨時起意。所以，做善事還是要用腦筋，要聰明、有效率地去做，才能達到最佳的效果。

臺灣是一個充滿愛心的社會，每次發生不幸的災難事件，捐款物資總是排山倒海湧入，我的臉書上常常有朋友轉貼各地需要大家伸出援手的小故事，可能是有著智障兒子的老阿嬤還擔負撫養孫子的重擔、或是父親意外母親患病急需援助的孩子，也有被棄養的流浪貓狗等待善心人士領養……，每次看到這樣的故事，內心裡除了無限同情外，也感恩上天所賜與美好的生活，讓自己還有能力去幫助弱勢族群。

這個世界雖然充滿很多缺憾，但也有許多默默行善的感人事蹟，前陣子一位臺北計程車司機在車上撿到客人所遺留下來的一袋現金，金額高達上百萬臺幣，他原封不動將錢送到警察局等待招領，掉錢的客人本來急得

如熱鍋上螞蟻，以為錢一定石沉大海再也找不回來，沒想到遇到善心之人。後來他包了一個大紅包感謝這位拾金不昧的司機，卻遭到拒絕，因為司機先生認為他只是做了分內應該做的事，不需要任何報酬。看了這則報導，真的很感佩這位好心司機，拾金不昧也許並不那麼困難，可是拒絕報酬卻不是人人都能做到，就是這些在各個角落裡行善不欲人知的小人物，讓我們的社會變得如此可愛與美善。

聖嚴法師說：「行善沒有大小之分，只要抱著一個善念，心就是平安的。」要想獲得快樂，幫助別人獲得快樂是最快速便捷的途徑。心存善念，讓自己內心自在平安，也讓良善的樹芽成長茁壯淨化我們生活的空間。

懂得原諒他人

天主教教堂裡設有一種小包廂，教徒們可以透過隔板向神父傾吐內心的懊悔、痛苦，藉由「告解」（confess）的過程，達到洗滌糾葛的負面情緒及罪惡感，獲得重新迎接生活挑戰的勇氣。

這種宗教告解的方式，讓七情六欲的人類從無心（或有意無意）犯下的過錯而興起的良心不安、愧疚、悔恨中……，抽離出來，在狹小、黑暗包廂內，一字一句陳述心中困擾的糾結，當他跨出小房間時，一切罪愆彷彿便煙消雲散還諸天地，這背後的意義其實是一種祈求原諒的行為，當一個人所犯的錯誤能被他人理解、諒解及接受時，他才能從過錯中走出來，以坦然的心邁向人生的下一步。

懂得原諒他人

我們都不是聖人，總有犯錯的時候，對於自己的錯誤有種種的藉口、開拖的理由，但對於他人的過錯，哪怕只是一句話語，卻往往耿耿於懷，記恨在心。我們之所以不能輕易原諒，最主要的原因是：誇大了對方的錯誤及執著於事件對自己的影響。多年以前，在一個工作場合裡，一位同事G將我所寫的一張陳述她行事作風難以溝通的小紙條向頂頭上司打了個小報告，為此我被那位上司立即叫進辦公室訓斥了一番，當時的我覺得G的行為簡直可恨極了，在共事的期間因著這樣不諒解的心態，影響了我們之間的溝通往來，也間接促成了後來的離職。事過境遷，仔細回想這段往事，當時G的行為確實可議，但誠如佛陀所說：每個眾生都只不過是想離苦得樂。對方之所以有這樣的反應也是肇因於先前所種下的因，如果我能早點看清楚這點，放下指責、不滿的心態，選擇原諒，或許能營造更和樂的共事環境，也不至於耿耿於懷多時，最後不開心地離去。

曾經犯過錯誤然後被寬容地原諒，這份慈悲與包容將會被接力地散播出去，人際之間的相處會更充滿愛心，社會也將更和諧。讀過一個小故事，作者在餐廳中與女兒共餐，上菜的女侍不小心將魚汁傾灑於她掛在椅子上的名牌包包，當下她心中生起一把怒火，正要開口斥責那位年輕的女服務生時，她的女兒卻站起身來過去拍拍已經楞在那裡不知所措的女孩肩膀輕聲地說：「我們沒事，沒關係。」女孩手足無措地看著已經被湯汁潑灑變色的皮包，很尷尬地想要去拿塊布把它擦拭乾淨，作者的女兒安慰她說：「沒事沒事，回家洗洗就乾淨了。妳去忙妳的吧！真的沒關係，不必放在心上。」作者非常納悶年紀輕輕的女兒怎麼可以如此成熟妥善地處理這樣的事件，詢問之後才知道，原來女兒在餐館打工時，上班第一天便闖禍了。她被分配到廚房去清洗酒杯，當她戰戰兢兢好不容易將那堆積如山的高腳玻璃杯清洗乾淨，卻在轉身時一不小心撞倒了一個杯子，然後，那疊玻璃杯便如同骨牌效應似地一只接一只哐噹、哐噹掉在地上全部砸個粉碎。當時她嚇呆了，完全不知道該怎麼應付這突如其來的意外；可是，沒想到，當時的領班走過來，眼見如此狼狽的景象，非但沒有責怪她，反而若無其事跟她說：「妳沒事吧？」然後便吩咐其他員工收拾善後將玻璃碎

片清理乾淨。

因著受過別人寬容的原諒，讓這位年輕女孩懂得如何設身處地為他人著想，將這份體恤、包容的愛傳播出去，如同水中的漣漪一圈一圈綿延往外擴散，到不同的陌生人身上。

原諒，確實很不容易，尤其若是曾為對方所深深傷害，更難放下憤恨、怨尤、不甘心去原諒對方所犯下的錯誤。然而，不肯原諒，最可能的後果便是將種種傷心怨懟的情緒與自己綑綁在一起過日子，而且很可能一過數年、甚至數十年，依然無法放下。原諒，不僅僅是釋放別人的錯誤，也是給自己一條生路。當然，這些話語說來容易，要真正實行起來卻需要相當大的決心與智慧，能把自己從千絲萬縷的纏線中抽身而出。當你的心能從困境中抽離出來，以第三者角度審視事情的始末，便比較容易放下執著，原諒曾經傷害你的人。

有人曾經問達賴喇嘛，有什麼事是他感到無法原諒的，他想想了說，唯一一件他覺得不可原諒的事，應該是他發現自己無法去原諒。「只有透過良善、憐憫和關懷他人，這個社會才能成功。如果愛、耐性、寬容和原諒等特質真的構成了快樂，惻隱之心是這些特質的源頭和果實，那麼我們愈憐憫、愈有耐性和懂得原諒，就愈能成就自己的幸福。憐憫和相隨的原諒適用於所有事務的層次，原諒或許很困難，有時得花點時間才能做到，但原諒終究會為我們個人和周遭的人帶來平靜。」

是的，沒錯，當我們愈具備憐憫、耐性和懂得原諒，就愈能體會良善的幸福人生。如果，你實在無法選擇原諒，那就把對方當成缺乏智慧、被無明蒙蔽的可憐人吧！憐憫他因為怯懦、貪婪等種種人性弱點，犯下難以原諒的錯誤，在貪、瞋、癡的煩惱洪流中身不由己，對於這樣的人就只好同情可憐他吧！

轉換心境面對挫折

一位畫家朋友近來生活過得頗為拮据，詢問之下，才知原來是為代理人背負了一身債，正絞盡腦汁忙著張羅償還債務。事實上，緣於代理人個人疏忽及經營管理不善所造成的虧空與損失，畫家朋友原本無需負擔任何義務，更不要說將償債的責任攬於一身，刻苦自己而去彌補別人所造成的物質上或心理上的缺憾。但面對這樣無奈且不公平的現勢，他不僅不埋怨，且還以一貫豁達的處事態度自嘲地說：「某某會陷入今天這樣的處境，說不定是我拖累了他，若非經營代理我的作品，又怎會惹出這許多麻煩呢？」

換做是任何一個人，面對相同的景況恐怕都會覺得很倒楣，作品賣掉了非但收不到錢，還背了一屁股債，免不了會開始自怨自艾，憂心煩惱；相較之下，畫家朋友提得起放得下，自在面對人生困境的大度胸懷，真是令人佩服。

生活中本來就充滿了各式各樣的挫折、挑戰、逆境與不順遂，作家巴斯葛（Blaise Pascal）說：「在我們與天堂或地獄之間，只有生活（各種不同方式的生活）。且，生活是世界上最不堪一擊的事情。」如何處理不時發生的惱人、不合情理的種種問題，及以什麼角度、態度來看待詮釋這些境界，關乎一個人心境幸福指標的高與低。以畫家朋友為例，雖然他因別人之過將自己陷入債務紛擾及生活拮据的痛苦之地，如果他自此開始怨天尤人、自憐自艾、憤世嫉俗，甚至消沉頹靡、一蹶不振，日子肯定蒙上了灰圮悲哀的色彩，每天都過得不快樂，哪裡還有幸福可言。

聰明的他換了一個角度去思索這整件事，自嘲地把自己列位於始作俑者的角色，雖然似乎阿Q了點，但如此一來，不僅能從愁雲慘霧的情緒中抽離出來，且能以更健康積極的心態解決問題面對未來，相同的事件以

正向思考或負面怨懟方式去處理，便有截然不同完全相反的結局。

有一則小故事很有意思。一位老太太有兩個女兒，大女兒是賣雨傘的，二女兒是賣米粉的。每當豔陽高照時，她便擔心大女兒雨傘賣得不好，會影響家計；而當落雨紛飛時，她又要為二女兒無法曝曬米粉感到憂心，不知如何是好。於是無論晴天或是雨天，老太太總是心情鬱悶，快樂不起來。一位修行者知道了，便告訴她：你為什麼不在天晴的時候為二女兒能曝曬、販售米粉感到開心；而在陰雨天時，為大女兒雨傘生意興旺覺得歡喜。這樣，無論什麼樣的天氣，你都不會再煩惱憂愁，每天都會很快樂。」從此以後，放晴時，老太太便想想二女兒；落雨時，便想想大女兒，每天都是心悅自在的好日子，完全擺脫過往愁苦的情緒，成為一位懂得品嘗生活甘美滋味的人。

所謂「境隨心轉」，內心的詮釋、想法，往往比境界本身更重要。樂觀豁達的人，面對挫折困境時，總能以幽默、放達、樂天知命的態度，將其轉化為逆增上緣，是自己向上的另一個契機，如同武術上的「四兩撥千金」，重重提起，輕輕放下。

紀伯倫的名言：「你的人生取決於你對生命的態度而非眼前的遭遇；重要的是你的心智以什麼方式去看待，而非事件的本身。」（Your living is determined not so much by what life brings to you as by the attitude you bring to life; not so much by what happens to you as by the way your mind looks at what happens.）

或許有人會認為那位畫家朋友憨，但我覺得他是能主動創造境界、扭轉困境的智者。唯有心得到安定，才能腳踏實地歡喜自在過日子。

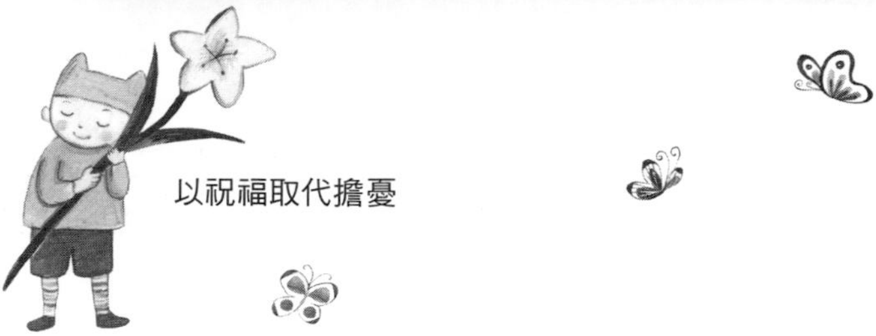

以祝福取代擔憂

在日常生活當中，我們常常不自主地陷入許多擔憂之中，古人說：「人無遠慮，必有近憂。」彷彿憂慮、煩惱是人生的常態，在安定的日子中也要「居安思危」，很少能以淡定、喜悅的心好好生活在當下的每一刻。

周遭親朋好友中，有的為五斗米折腰，有的擔憂生計、煩惱陞遷問題、擔心孩子功課不好申請不到好學校，還有找不到合適對象、健康亮紅燈、人際關係欠佳……，真正活得痛快、滿足於現下狀態的人幾乎少之又少。佛教說這個地球是「娑婆世界」，「娑婆」的意思是「堪忍」，暗喻了生活就是充滿了各式各樣的苦難與不圓滿。然而在這樣一個黑暗與光明並存、快樂與痛苦共舞的世界，要以什麼樣的心態與智慧去消融煩惱，創造一個幸福與自在的人生？

有一位朋友，像大多數的母親一樣，擔憂孩子的教育、健康、交友、工作，無所不煩惱，成了一個嘮叨的母親，因為她不相信孩子具備處理自己問題的能力，總是以挑剔、批評取代讚美與肯定，久而久之，親子關係愈來愈劍拔弩張，充滿了火藥氣味。直到有一天，她讀到了證嚴法師的開示：「如果一個父母常常擔心他的孩子，他的孩子會沒有福氣；因為福氣都被父母給擔心掉了。」、「如果父母希望他的孩子有福氣，就要多多祝福他的孩子，而不是擔心他的孩子。」

這句話如當頭棒喝，生活中的確充斥著許多缺憾，但與其消極的擔憂，不如轉一個心念，用積極的祝福轉化困境。我們往往低估了心念的力量，宇宙間所有東西都是能量所組成，包含一個思想、一個念頭、一句話語、一件行為，正面的念頭會產生正向的能量，帶來所期待的結果。如果你相信孩子有足夠的能力去面對、解決自己生活的困境，那麼，他便會接

收如此的訊息，因為信任是一種正面的心念，會帶來積極正向的力量，無形之中孩子會真的如你所願的具備勇氣與智慧去處理生活上的種種難題。

美國作家傑克．史瓦茲（Jack Schwarz）曾撰文指出，大部分人最需要轉變的習性是：質疑式的思考及不必要的擔憂。前者會讓能量阻塞，後者則非但不能解決問題，且在很多情況下，反而會如墨菲定律般，愈不想要發生的事情，最後卻因對它所投注的負面心念太過強大，導致不好的結局。

以祝福取代擔憂，不管是對自己還是對家人朋友，試著用祝福的心態面對所煩惱的困境，當你用全副的心思相信事情將會有所轉機，會朝著更好的方向前進，那麼這份信念將會帶來神奇的力量，在實相世界中顯現出來；即便事情最終未如所願，然而至少在過程中自己仍能保有一份清明安穩的心，不至於在擔憂的問題未發生前便自亂陣腳、為悲苦情緒所困。

祝福的磁波所能帶來的驚奇效果遠非你所能想像，一杯水，經過祈禱、祝福之後，原本負面的物質被淨化了，以能量管來測試，負能量轉化為正能量；很多教徒在用餐之前，會先做祝禱、感恩的儀式，這樣的心念將會提昇食物中的營養與光彩，這都是經過科學實驗證明的。為他人獻上祝福，其實，受益最多的是我們自己，因為凡是出於自身的，必將回到我們身上。能給予的祝福、感恩愈豐盈，環繞在周遭的光明力量將會更強大，所有負面事物都難以靠近，讓美好因緣能聚集在一起，形成一股超級能量團，為我們注入源源不絕的正向力量。

當然，沒有人能夠完全放下擔憂，生活負擔、父母健康、孩子未來、婚姻狀況、親密關係、工作前途、財務困擾、還有三不五時發生於生活上不順遂的大小事件……，在在都令人糾心、煩惱；但是，如果能夠把這些當作是鍛鍊自己、磨鍊心智的課題，是讓自己轉化的契機，說不定能以更積極的心態面對。聖嚴法師說：「心不隨境，是禪定的功夫；心不離境，是智慧的作用。」、「提得起放得下，年年吉祥如意；用智慧種福田，日日都是好日。」像那位不論是晴天還是雨天都能找到為女兒開心理由的老婆婆，日日都是美好的幸運日。

以祝福取代擔憂

讓境界隨心念而轉變，當困境來臨現前，我們可以選擇用何種態度回應解讀。與其耗費力氣無謂擔心，不如給予所愛的人滿滿的祝福吧！

逆境來了怎麼辦？

從小我們被教導要如何追求卓越，要在每一場競賽中打敗對手贏得勝利，卻從來沒有人告訴我們，當挫折來臨，當危機出現，當失敗成為必然結局時，又該如何以積極坦然的態度去面對生命中一次又一次的危機與困境。除了少數幸運兒之外，每個人在漫漫人生中或多或少都會遇到不順遂的時刻，學業、情感、工作、交友、健康、對事物的期待盼望、人際之間的付出往來……，在任何時間點都有可能來場翻天覆地的變化，面對挫折、逆境，有人能化危機為轉機，從困頓的環境中尋找繼續努力的憑藉與動力；有人卻在失望挫敗的打擊下陷入前途茫然灰暗中一蹶不振。

如果能把每一次的挫敗當成走向更高點的原動力，每個橫逆境界都是

一次改變現狀突破艱難的契機，困難失敗便顯得沒那麼可怕。

一位臺灣年輕人徐凡甘，在國中時因細菌感染罹患急性腎衰竭，一週必須洗腎三次，加上繁重的課業，讓他一度興起自殺的念頭。他的父親在醫院探視他的途中不幸遭遇車禍，全家照護的重擔全落在媽媽身上，白天要上班，下班後又要照顧受傷的先生及生病的孩子，操勞過度之下罹患重症，當時心情萬分沮喪的他，一天看到躺臥在病床上休息的媽媽，當下領悟到：「不能丟下家人。」於是，他振作起來，努力讀書，一路考上第一志願建中及臺大，白天上課，晚上洗腎，還要兼家教貼補生計，但他非但沒有被擊倒，怨天尤人，反而說：「我的遭遇是上天給我的禮物，體認生命有限，更加懂得珍惜！」

他後來接受大哥腎臟移植，總算擺脫終身洗腎命運，並計畫未來成立兒童腎友基金會，投入社會公益。而且希望大學畢業後能參加農耕隊，以農業的專長去幫助世界各地貧窮國家。

這個年輕人真是讓人忍不住為他喝采，雖然命運給他一次又一次的打擊，但他始終沒有被擊倒，反而積極努力向上，把每一次考驗都當作成長的助力，一步一步完成夢想。他常介紹自己的名字是：「平凡的『凡』，甘甜的『甘』。」但事實上他向大家證明的卻是：「不平凡的『凡』，以及苦盡甘來的『甘』！」

當你覺得不如意的時候，看看別人所遭受的苦難，便會體悟到自己的小傷小痛，根本不算什麼。我們常常在社會新聞版面上讀到男女情傷的故事，事件的男（女）主角因為身陷情愛糾葛的漩渦中，擺脫不了愛人移情別戀造成自我貶抑、否定的挫敗傷害，做出傷人傷己的行為，人生便毀在一個或許多年以後看來根本微不足道的小小歧路障礙上，是不是很傻？每一段無法延續的關係，如果能夠看成移情那方的損失，或是因緣淺薄所致，並且堅信自己能夠遇到更棒的對象，說不定一樁姻緣的離去，會是另一份更美好緣分的開始。自傷或是從此自憐自艾是最不明智的做法，最好的走出痛苦並讓對方後悔的方式便是——讓自己變得更好！

工作事業上也是如此，有時表面上的挫敗說不定是開啟成功的另一扇

門。發明大王愛迪生有名的小故事：有一次愛迪生的實驗室發生大火，眼看著所有研究成果將付之一炬，他的兒子著急得不得了，到處尋找父親，卻發現爸爸竟然也擠在人群當中觀看大火，就像事不關己一樣。他憂心地問父親：「實驗室就快燒光了，怎麼辦？」沒想到愛迪生不疾不徐地回答：「去把你的母親找來吧，這樣子的大火真是一輩子難得一見啊！」隔天，愛迪生面對所有研究成果、實驗設備都燒成灰燼的樓房，說出了只有成功者才能體會的道理：「感謝上帝，一把火燒掉了所有的錯誤，我又可以重新開始了！」

這場突如其來的大火並沒有打垮愛迪生，反而讓他將所有研究成果歸零，拋開之前的重重障礙與錯誤，以積極正向的心念面對此殘酷打擊，努力重建他的實驗室，並且在三個月之後成功發明了留聲機。作家丹．米爾曼（Dan Millman）說：「悲劇是通往靈魂的直達電梯。」有時候，悲劇只是一個面具，是一張巨大拼圖中的一小塊片段，背後隱藏著你所不知的生命更豐盈的部分，等待著我們去探索。

當遇到挫折逆境，不妨把心從困難的處境中抽離出來，學習以豁達樂觀的態度面對，雖然很難做到佛家所言的不隨境轉、離一切相，但是只要抱持信心，相信自己一定能度過眼前難關，從挫敗中學習獲取繼續向前行的動力，就沒有什麼苦難是撐持不過去的。不記得是哪位哲學家說的：「上天的啟示總在靈魂走至暗夜深處後翩然降臨。當失去所有，眼前彷彿是無盡黑暗時，嶄新的生命及所曾渴望的一切即在不遠處了！」

記住，不能打倒你的，只會讓你變得更堅強。你的潛能與從逆境中往上爬起的力量，絕對比你所想像得要高深的多多。而所有的種種，都只不過是一個階段、一個過程，我們離終點還遙遠得很。

帶著微笑出門

在美國居住多年，發現老外通常比較容易快樂，每天在身邊都可以見到許多洋溢溫暖笑容的臉孔。他們天性樂觀知足，而且充滿自信心，不論從事什麼行業諸如超市的收銀員、垃圾車的駕駛、工廠的黑手、餐廳的廚師、端盤子的侍者……，不會因職業的高低貴賤而覺得低人一等，或是因為居住的房子沒有別人的豪華、賺的錢沒有比別人多，便減損他們享受人生快樂過生活的程度。

在一個陽光燦爛的早晨，家裡門鈴「叮咚」響起，是UPS（聯合包裹服務）送東西來了。我一打開門，眼前穿著咖啡色筆挺制服的帥哥，戴著一個大墨鏡，身材高壯挺拔，頗有玉樹臨風之姿，帥氣指數幾乎破表，甚至有幾分電影《悍衛戰警》（*Speed*）裡基努里維（Keanu Reeves）的味道。

他一見到我便馬上問候：「這真是個美麗的一天呢！」語氣滿是歡愉，讓人都感染了那份陽光的氣息，臨走時還祝福我一整天都有好心情。

我心裡想，在美國連UPS送貨哥都長得這麼帥，而且氣質風度具優，他的自信應該是發自內心對於本身工作的喜愛與尊重吧！假設他不喜歡目前的職業也覺得當個送貨員沒有前途，或是自怨自艾工作比不過別人的高尚，那麼形諸於外的，絕對不會是出現在我眼前這副超酷的模樣，可能是眉頭深鎖、表情冷淡，即便臉蛋再如何酷帥，也顯現不出迷人的風采。

在我們周遭，如果你用心的話，其實每天都可以碰到一些好玩的事、一些有趣善良的人。

有一次在街上準備過馬路，突然一輛車開過來，我下意識停下腳步，一抬頭發現車上那位女駕駛正對我揚起燦爛的笑容，揮揮手示意讓我先

行。看到她笑得那麼自然開懷，不自覺也感染了她的好心情。或是有時候，上超市採買東西，在甬道上被其他購物車擋住，通常推車的人發現後會以十二萬分抱歉的語氣跟你說："Oh! I am so sorry!"

在一次旅行中，我們到一家速食店用餐，小兒子發現飲料機器是他從來沒見過的觸鍵式機型，螢幕上面有很多按鈕，非常fancy，在哥哥選了飲料之後，他還站在那兒繼續探索那台機器，完全沒注意到後面已經排了好幾個人等候，哥哥大吼了一聲要他讓開，隊伍中的一位太太笑著說：「沒關係……，讓他玩嘛！」語氣滿滿都是寬容，絲毫沒有任何不耐煩。

我時常要向這些陌生人學習，學習他們的耐心、包容、開朗、尊重他人的態度……，每天出門的時候，帶著一顆開放的心，對每一個你所接觸的人笑一笑，當你這麼做的時候，心情自然也會跟著上揚。記得看過一則實驗報導，研究者將兩組人分開，分別觀看相同的卡通影片，只是一組人被要求用牙齒咬住鉛筆（類似微笑表情），另一組人則用嘴巴抿住鉛筆（微笑肌肉無法動彈），結果發現，咬住鉛筆的那組人普遍覺得影片比較好笑，雖然兩組人所看的影片內容一模一樣。這證明了，微笑（即使是裝出來的表情）能瞬間改變心境，讓你的心情好起來，帶來愉悅的能量，看待周圍人事物的角度也正面起來。

這世界上有兩種人，一種是太陽型的人，一種是月亮型的人。太陽型的人就如同太陽般散發溫暖的光芒，只要在他身旁的人，都可以感受到滿滿的光明與快樂；月亮型的人，就跟月亮一樣，本身是冷冰冰的，要借靠太陽的光亮才能得到溫暖。我們要勉勵自己做個太陽型的人，能散發光與熱，給周遭的朋友親人帶來正向的影響。如果每個人都是一個小太陽，一串光亮，我們的世界便會充滿了光明、希望與歡樂。

或許東方人比較含蓄保守，不太輕易在陌生人面前展露笑容，但其實這一點都不難，當你開展心胸，你的能量自然能與對方交流，形成一股和善的網絡，釋出善意的同時，對方馬上便能接收到，也會給你正面的回應。多做幾次，臉上的笑容會愈來愈自然，就像反射動作，讓身旁的人都感染那份歡快的氣息。

帶著微笑出門

即使沒有什麼事情值得開心，請帶著微笑出門，用心去尋找今天會有什麼新奇的事物，會遇見什麼樣好玩的人，會有什麼讓人驚喜的東西。每個人背後都有一成串故事，當你開放胸懷微笑面對，會發現身邊善良快樂的人遠比你所想像的還要多上許多。

和好朋友一起hang out！

生活當中有許多方法，能夠使我們從日常瑣碎煩惱中暫時脫離出來輕鬆化解壓力，最簡單的招數便是：和好朋友相約一起見面吃飯、聊天，一起從事喜歡的活動。當你心情低落的時候，這個方法是最快速便捷立竿見影，能夠馬上看得見效果。尤其是女孩子，如果能夠跟三五好友一起聊聊天、談談心，可以減緩許多來自生活上的負擔與壓力，有研究報告指出，高品質的「女友時間」（Girlfriend Time）可以幫助女生創造更多的血清素，有助於防治抑鬱，創造良好的自我感覺。對男生的健康來說，最好的事情之一是結婚，成立一個家庭；對女生的身體健康來說，最好的事情之一卻是建立和培養與女性之間的友誼關係。

要有幸福的感受，女性一定必須擁有幾個姊妹淘，三不五時相聚一起共度輕鬆快樂的女友時間。雖然沒有血緣上的姊妹，但是幸運的是在成長路上不同時期，總有能夠分享喜怒哀樂的女性朋友。有的朋友不需要時刻聯繫，當你低潮脆弱的時候他們總會出現在你身邊給你最溫暖的支持。男人可以做獨行俠而不覺得自外於人群；女人如果缺乏同伴的友情支援，大概很難存活下去。

史丹佛大學（Stanford University）一位心理教授說：「花點時間和女朋友一起交心，是和跑步或在健身房鍛鍊一樣重要。」為了自己的身體與心理健康，再怎麼忙碌都要找出時間和姊妹淘們一起閒聊消磨時光。

有一次返臺渡假，與十多年未見的幾位高中同學相約聚會，雖然這麼長久的時間失去聯繫，但見面之後，彷彿時光跳躍，將我們又帶回了從前那段無憂無慮的青春歲月。

幾個女生吱吱喳喳的，聊工作、學業、家庭、孩子……，還有過往發生的所有好玩的趣事。她們有的是廣播電台的主管，有的是大學兼課的博士生候選人，有的是金融業的理財專家。雖然各自在職場奮鬥多年，每個人仍然保有那份純真的赤子之情，讓我們聊起天來毫無隔閡，嘻嘻鬧鬧的，還像是當年高中小女生般。這樣的聚會，讓女性從日常生活的種種刻板角色脫離出來，不是某某人的媽媽、不是某某人的妻子、不是某某人的女兒，而只是單純做為一個女生，重拾在繁瑣生活中難得顯現的自我。

男生從小被教導要堅強、要勇敢，朋友關係建立在活動與共通興趣上，很少談論內心感受，情感情緒的表達比較壓抑，他們不習慣透過談天傾吐心事，所以當壓力來臨時，缺乏管道宣洩，也就很容易產生身心方面的問題。女孩子則喜歡和母親、女性朋友做情感的交流，分享對事物的看法，抒發情緒與感覺。透過交心與同儕友伴的情誼，女人找到內心情感的支撐，從而排解了生活所帶來的壓力。這份同性友誼像一道窗口，讓生命的委屈、煩惱與苦痛得到排遣的途徑。

周遭許多女性長輩縱使退休後，也會安排各種課程、活動，學語言、學瑜伽、參加跳舞班、歌唱班，與親友相約一起登山、運動、聯誼，日子

和好朋友一起hang out！

照樣過得充實忙碌；相反地，退休男人絕大部分都是閒閒窩在家中，頂多與牌友打打麻將，活躍度遠比不上年紀相仿的女性。如果男人也能像女人多多與同性朋友hang out，共同分享生活上的點點滴滴，不管是好玩有趣的、還是難過鬱卒的，讓情緒有抒發的機會，相信日子會過得更充滿活力與行動力。

具備柔軟心

我們身心能否健康運作全仰靠能量的順暢流動，如果能與宇宙大能頻率相通，接上線，就能擁有我們無法想像的療癒及感應能力。

宇宙空間裡充滿了無數的正面能量，當我們處於身心純粹的狀況下，便很容易接收、感應到這些能量，所謂「純粹」的狀況是指沒有負面情緒的干擾，心處於平和清安的狀態，要達到這樣的狀態，除了要練習避免「質疑式思考」與「阻礙式思考」之外，當一個人具備「柔軟心」的時候，是與宇宙頻率最相近的時刻。佛法所說的「無心」，就是最徹底的柔軟心，它和「空」息息相關，唯有體會到自我和一切的事物本質都是「空」時，才能沒有執著真正開敞心胸接受萬事萬物。

每一個人都有一顆「柔軟心」，只是往往這顆柔軟心被許多心境垃圾所掩埋遮蔽住，這些垃圾包括：生氣、惱怒、悲傷、批評、不滿、怨恨、擔憂……，日積月累，這些情緒垃圾在我們的心上製造了一層鐵鏽，原本敏銳的心生鏽了，當然無法感應來自外在的訊息！

這可以解釋為什麼單純的孩童對於世界美好事物的感受能力、對於宇宙傳遞訊息的接收力永遠比我們要強，如果你的心能夠回到一個小孩子的狀態，以純真良善的角度看待周遭的每一樣東西，會發現有一股豐盈的能量滿溢心中，你能體會到宇宙想要傳達給你的所有訊息。

數年前，因為母親的傷病，回到臺灣短暫居住一段時間。那個時候，沒有任何外在事物的干擾，只是單純一心一意照顧住院的母親，隨著她病況每天一點一滴的進步，內心除了感恩還是感恩。我想，因為這股感恩力量的作用讓我的心處於極柔軟的狀態，能輕易感受到別人心中的苦難與悲傷。那一年，美國加州遭遇數十年來最嚴寒的氣候，當回到家中見到後院枯萎的榕樹，彷彿都能感應到樹木凍萎的痛。

因為柔軟心，在那陣子有許多不可思議的感應，好像突然有了預知能力，禱告祈求也通常能被應許，生活好比開車在馬路上一路都是綠燈，暢通無阻。事後回想，其實，我並不是突然有了什麼了不起的神奇能力，而是，柔軟心使我的身心處在極端純粹、敏感的狀態，感應力變強，能接收到空間裡無所不在的許多能量，好像電視安裝了天線（小耳朵）可以觀看許許多多不同的頻道，或是收音機調到正確的頻率，便能接收播放的各種節目。

柔軟心就像佛家所說：「無緣大慈，同體大悲。」你知道，雖然有種種外相的差異，但所有萬物都是緣出一處，是整體的一部分，對於發生在別人身上的不幸會有深刻的感同身受，而你只希望能盡一切努力使這個世界少一些苦難與傷痛，多一點溫暖與愛。

可惜的是我這柔軟心的狀態並沒能持續多久，回到美國之後，重新投入原先的環境裡，生活中大大小小瑣碎、煩心的事，又繼續發揮它們製造鐵鏽的功能，讓原本純粹的心蒙蔽了一層煙霧，感應力頓時減弱。我在不

經意情況下一窺柔軟心的本來面目，體驗生命盈滿歡喜、感恩、完全開放的境地。雖然後來這些感應隨著生活磨蝕而漸漸不靈光，但我相信它總是在那兒，只是要藉由修行與不斷練習，重新拾回原本光亮無染的心。好像被烏雲遮蔽的天空，總有雲雨消散，重現朗朗天日的時候。

堆積了許多塵垢的心，會漸漸變得堅硬、冷漠、無感，縱使面對他人的苦痛也很難激起憐憫之心，這個時候，無常的事件或許會發生，讓你打破原有慣性的思惟與生活模式，也敲碎包裹著心的那層堅硬外殼，在這個時刻，也就是你回歸本心真我的絕佳機會。所以，如果此時生命中正有什麼讓你難以承受的事情或人物，請不要灰心放棄，或自怨自艾，把它當作淬鍊，將無感冷硬的心，磨成一顆柔軟的心，感恩萬有給予的一切，當苦難撐持過去，也許你會明白過往所發生的種種並沒有你想像的那麼糟，而且每個艱難處境背後都有一個更大的目的，那就是讓你在明心見性（或是發現真我）的路上更往前邁進一步。

〈後記〉

日日都是好日 時時平安自在

從炎熱的夏天到寒冷的冬日，《親子快樂禪》經過半年多的籌畫、整理、編輯，終於接近尾聲，預備在繽紛多彩的燦爛春天付梓出版，歷經夏、秋、冬、春四個季節的更迭，心裡衷心感謝所有參與這本書從無到有過程中的每一個人，包括與我往返email無數次費心整理書稿、編排、校對的法鼓文化編輯群，及為新書繪製充滿童趣美麗封面的畫家邱千容，更要感恩在帶領禪七百忙空檔中，還得匀出心神與我溝通討論書稿內容為文寫序的果醒法師，是他們的付出成就了這本書。

這是我的第九本作品，很開心能因佛法的牽線與法鼓文化結此善緣，也因為這個緣分開始了《人生》雜誌「修行在ＬＡ」專欄的撰寫，與更多讀者分享在平凡日子中修行的體驗。

當生活美好時我們學習感恩，在不那麼美好中我們學習放下，介於美好與不怎麼美好的中間地帶，我們學著腳踏實地安心過日子。

古羅馬哲學帝王馬可・奧里略（Marcus Aurelius）說：「當你清晨醒來，想想能活著、能思索、能享有，以及去愛，是一樁多麼美好的特權。」我們每日都在享受這份特權，除了感恩，還是滿滿的感恩。希望這份文字的善緣能夠來到你的心中，種下禪法的種子，在未來的某一日，因緣成熟之際，開出慈悲智慧的花朵。布袋和尚的一首詩：「一缽千家飯，孤身萬里遊；青目睹人少，問路白雲頭。」隨緣度日、知足常樂，在菩薩行的道路上，我們日日修習，時時觀照；日日都是好日，時時平安自在。

琉璃文學 26

親子快樂禪

Chan in Happy Parenting

著者	曉亞
插畫	邱千容
出版	法鼓文化
總監	釋果賢
總編輯	陳重光
編輯	張晴
美術設計	陳孟琪
內頁美編	小工
地址	臺北市北投區公館路186號5樓
電話	(02)2893-4646
傳真	(02)2896-0731
網址	http://www.ddc.com.tw
E-mail	market@ddc.com.tw
讀者服務專線	(02)2896-1600
初版一刷	2014年3月
建議售價	新臺幣240元
郵撥帳號	50013371
戶名	財團法人法鼓山文教基金會—法鼓文化
北美經銷處	紐約東初禪寺 Chan Meditation Center (New York, USA) Tel: (718)592-6593 Fax: (718)592-0717

法鼓文化

國家圖書館出版品預行編目資料

親子快樂禪 / 曉亞著. -- 初版. -- 臺北市 : 法鼓文化, 2014.03
面 ； 公分
ISBN 978-957-598-639-1（平裝）

1.親職教育 2.親子溝通 3.佛教修持

528.2 103000575